本书出版得到农业部国家奶牛产业技术体系、内蒙古财经
经济研究基地的联合资助

经济管理学术文库·管理类

供给侧结构性改革背景下
内蒙古乳制品业新型化研究

Research on the New-orientated Dairy Products
Industry in Inner Mongolia under the Background of
Supply-side Structural Reform

薛　强／著

经济管理出版社
ECONOMY & MANAGEMENT PUBLISHING HOUSE

目　录

1 导言

1.1 选题背景

2000 年以来，内蒙古经济取得了长足发展，2013 年全区实现国内生产总值 16916.5 亿元，是 2000 年的 10.99 倍，年均增长速度达 20.25%，高于同期全国平均增速 5.8 个百分点。作为我国边疆少数民族地区，内蒙古经济的高速增长得益于传统优势产业的强力推动，尽管通过结构调整、技术改造、兼并整合等措施，内蒙古传统产业的竞争力有所提升，但技术含量低、经济效益低、产业链短、附加值低、环境污染严重等问题依然突出，尚未得到根本性扭转，亟待转型升级。

传统产业新型化是新形势下基于内蒙古主导产业发展的实际，内蒙古自治区党委、政府做出的重要战略部署，为内蒙古新型工业化道路指明了方向。2012 年召开的内蒙古党委九届五次全委会议暨全区经济工作会议中，提出了着力构建"传统产业新型化、新型产业规模化、支柱产业多元化"的产业发展新格局。2013 年，内蒙古自治区党委提出"8337"发展思路，其中八个建成中提出要"把内蒙古建成绿色农畜产品生产加工输出基地"，三个着力的其中之一就是要"着力调整产业结构"，三个更加注重中有关于"更加注重生态建设和环境保护"的表述，七个重点工作之一是"提高经济增长的质量和效益"。2014 年召

（3）探索内蒙古乳制品业新型化的路径与模式。乳制品业新型化就是按照减少能源消耗、降低环境污染的总体要求，采用高新技术对现有生产条件进行更新改造，不断优化乳制品结构、提升乳制品科技含量和竞争力，在此基础上，优化乳制品产业链组织方式和营销模式，创新体制机制，促进乳制品业可持续发展的动态过程。因此，依托现有的资源条件区位优势，不断提升乳制品科技含量与乳品企业竞争力，努力降低乳制品加工的能源消耗与环境污染，探索内蒙古乳制品业新型化的发展路径与发展模式便是本课题研究的最终目标。适合内蒙古乳制品业持续发展的新型化路子与更加合理的新型化模式将有助于加快推进乳制品业转型升级的步伐，提高乳制品业新型化水平。

1.2.2　研究意义

本书以内蒙古乳制品业新型化为研究对象，综合运用定量分析、定性分析、实证分析、规范分析方法，对其新型化水平进行评价及比较，并提出了提高内蒙古乳制品业新型化水平的路径与发展模式。该项研究在理论层面，能够丰富现有研究成果，所构建的乳制品业新型化水平分析框架从理论上补充了现有研究成果的不足；实践上，可以为制定关于促进内蒙古乳制品业转型升级、优化内蒙古乳制品业空间布局以及盟市乳制品业协调发展的相关政策提供参考。

（1）有助于丰富现有理论研究成果。通过对已有研究成果的梳理发现，目前学术界一般只是集中在乳制品业转型升级的单一方面或从某个角度探讨乳制品业新型化问题，鲜有研究从乳制品全产业链的角度探讨乳制品业新型化问题，而乳制品业新型化不仅是新型工业化背景下内蒙古乳制品业持续发展的客观需要，同时也是把内蒙古建成绿色农畜产品生产加工输出基地的现实要求，因此，构建乳制品业新型化研究逻辑体系便成为首要解决的问题。本书所建立的乳制品业新型化水平三维评价体系、提出的乳制品业新型化路径选择以及乳制品新型化的发展模式，对现有理论研究起到了补充与完善的作用。

（2）有助于促进乳制品业向"质量型"增长转变。尽管内蒙古乳制品业发展速度较快，但要素投入增长的特征明显，经历了历次乳品质量安全事件和国际金融危机的多重打击，内蒙古乳制品业面临最严峻的考验，处于发展的关键时期，亟待转型升级，这种转型要求乳制品业发展方式由盲目扩张向合理布局、优化结构、降低能耗、提高质量和效益转变。由此，对乳制品业新型化路径与模式的分析，将有助于进一步认识内蒙古乳制品业转型升级的动力是主要靠科技信息化带动，还是靠技术高新化拉动？主要靠加工生态化催动，还是靠产品高质化驱动，抑或管理现代化推动？

（3）为完善乳制品产业政策提供依据。对内蒙古乳制品业新型化水平从经济创造能力、企业发展能力和能源利用能力三个方面进行一维和多维评价，将有助于客观认识目前内蒙古乳制品业发展中的主要瓶颈，进而针对性的制定政策；对我国主要奶业省份乳制品业新型化水平的比较，有助于政府、乳品企业以及奶农认清内蒙古与其他奶业主产区在上述三类能力方面存在的差距，在政策制定与执行上做到取长补短，互通有无，审时度势、因地制宜；对提升内蒙古乳制品业新型化水平的保障体系问题的研究，有助于充分认识政府、社会各类组织、乳品企业及原料奶生产单位之间相互协调与配合的重要性。

1.3　研究内容及研究思路

1.3.1　研究的主要内容

本书共由八章内容组成，其核心内容包括以下五个部分：

（1）内蒙古乳制品业新型化现状分析。全面分析内蒙古乳制品业新型化现状，是挖问题、探原因、提对策的前提，此外，乳制品业新型化必须具备一定的基础资源和客观条件。为此，本部分立足于内蒙古乳制品业发展的客观实际，重点从原料奶生产、乳制品加工、乳制品消费、乳制品价格变动以及乳制品国际贸易五个方面分析内蒙古乳制品业的发展现状及其新型化所具备的基础条件。分析认为，近年来，尽管乳业发展还存在一些问题，但内蒙古乳制品业发展历史悠久、基础扎实、资源丰富，总体上呈良性发展的态势，新型化基础条件较好。

（2）内蒙古乳制品业新型化水平评价。这一研究内容是在全面总结内蒙古乳制品业新型化所具备的客观条件基础上，通过构建新型化评价指标体系，从经济创造能力、企业成长能力以及能源利用能力三个维度，对乳制品企业的生产效率、经营绩效、发展潜力、节能环保以及市场竞争力展开单维和综合评价，以期找出内蒙古乳制品业新型化中的关键因素，进而探寻内蒙古乳制品业新型化的可行路径与发展模式，有重点、分步骤地推进乳制品业新型化进程。

（3）内蒙古乳制品业新型化影响因素研究。准确把握内蒙古乳制品业新型化的主要制约，为乳制品业新型化的顺利推进提供了重要保障。该部分首先将乳制品业新型化的影响因素分为两大类：外部因素和内部因素。将乳制品企业作为分析的重点，其面临的产业发展环境、外部环境及产业集聚程度归为外部因素；而资本—劳动比率、企业规模和企业的广告密度属于内部因素。在具体的指标选取上分别以牧业产值占农林牧渔业总产值的比重、城镇居民人均乳品消费支出占食品消费支出之比与公路线路里程数、乳品企业的个数衡量产业发展环境、外部环境和产业集聚程度，以乳品企业资产总额与乳品企业从业人员的比值、乳品企业销售收入及乳品企业利润总额和乳品企业乳制品的产量、乳品企业的销售成本与乳品企业销售收入的比值代表资本—劳动比率、企业规模和企业的广告密度为重。

（4）内蒙古乳制品业新型化路径与模式探讨。该部分立足于内蒙古乳制品业发展的基础条件，按照新型工业化的总体要求，结合内蒙古自治区将内蒙古建成绿色农畜产品生产加工输出基地的工作目标，提出了通过科技信息化、技术高新化、加工生态化、产品高质化以及管理现代化等方式推动内蒙古乳制品业新型化的路径安排；在此基础上，针对目前内蒙古乳制品业发展所具备的优势条件，提出以要素创新、技术创新、动力创新以及品牌创新为核心的乳制品业新型化的发展模式，以期进一步提高内蒙古乳制品业增长的质量和效益。

（5）内蒙古乳制品业新型化保障体系研究。乳制品业新型化的保障体系主要涉及了乳制品产业发展过程中的产业政策体系、科技支持体系、财政金融支持体系、社会化服务体系以及品牌建设支持体系，对这些保障体系的系统研究是确保内蒙古乳制品业新型化进程顺利推进的重要条件。

1.3.2 研究思路

本书以内蒙古乳制品业新型化为研究对象，首先考察了内蒙古乳制品业新型化的现实条件，之后，对内蒙古乳制品业新型化水平做出基本判断，并分析新型化的影响因素，旨在探究乳制品业新型化进程中需要着力解决的关键问题，在此基础上，提出内蒙古乳制品业新型化的路径与发展模式，以及提高内蒙古乳制品业新型化水平的保障体系。

全书共由八章组成，从逻辑上划分为四个核心内容，具体的研究思路包括：首先从理论层面回顾了新型工业化理论、技术创新理论、核心竞争力理论与产业生命周期理论的发展与变迁，并对国内外关于乳制品业研究现状做了梳理与评述；同时，对内蒙古乳制品业新型化现状及新型化的基础条件进行了分析，正是由于其新型化进程中相互交织的优势条件与突出矛盾，引发了对内蒙古乳制品业新型化的思考——乳制品业新型化处于何种水平？制约其新型化的关键因素是什么？为此，接下来构建了乳制品业新型化三维评价指标体系、建立了乳制品业新型化影响因素计量经济模型，以探讨乳制品业的经济创造能力、企业成长能力以及能源利用能力，总结乳制品新型化进程中的主要障碍。研究的第三部分基于前述研究结果，结合内蒙古自治区将内蒙古建成绿色农畜产品生产加工输出基地的工作目标，提出通过科技信息化、技术高新化、加工生态化、产品高质化以及管理现代化等方式推动内蒙古乳制品业新型化的路径安排与模式选择；为了使乳制品业新型化有重点、分步骤地顺利推进，还需构建新型化保障体系。最后是研究结论与政策建议。

研究的具体思路及主要章节的逻辑框架如图 1-1 所示。

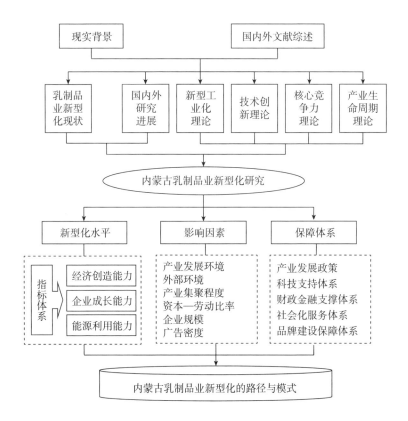

图 1-1 技术路线

1.4 研究方法和数据来源

1.4.1 研究方法

对内蒙古乳制品业新型化的研究，总体上采用了实证分析、规范分析、定量分析以及定性分析的方法，并注重将上述方法结合使用。力求既使乳制品业新型化的理论框架更加系统、逻辑推理更加精准，同时以一定的价值判断为基础，考虑研究结果的准确性；使研究结论既建立在描述性资料的基础上，又有数据做支撑，以此提高其科学性、规范性和解释力。具体研究方法如下：

（1）计量经济分析法（Econometric Model Method）。实证分析更能精准表达现实变量之间的数量关系与因果关系，为了揭示内蒙古乳制品业新型化水平与新型化的影响因素，研究中建立了相应的指标体系与计量模型，并使用了主成分分析、因子分析等规范性计量分析方法。

（2）统计分析法（Statistical Analysis）。统计分析法是对系统资料进行整理、分析和研究，以此了解研究对象在一定时间、地点、条件下的数量关系，并深入认识其性质、特点及发展规律，提出有力措施的过程的一种常用方法。本项研究从原料奶生产、乳制品加工、乳制品消费、乳制品价格变动以及乳制品国际贸易五个方面对内蒙古乳制品业的发展现状进行描述，研究方法以统计分析为主。

（3）对比分析法（Comparative Analysis Approach）。对比分析法通常是把两个相互联系的指标数据进行比较，从数量上展示和说明研究对象规模的大小，水平的高低，速度的快慢，以及各种关系是否协调。本书中对内蒙古乳制品业新型化水平在不同年份之间进行纵向对比，同时将内蒙古乳制品业新型化水平与国内奶业主产省份（黑龙江、山东、河北、山西、河南）进行横向比较，此外，对内蒙古乳制品业发展的各项经济指标与全国平均水平进行比较，主要使用了比较分析法。

1.4.2　数据来源

本书中涉及到的数据资料主要通过以下渠道获得：

（1）《中国奶业年鉴》（2005～2014 年），中国农业出版社。

（2）《内蒙古统计年鉴》（2005～2014 年），中国统计出版社。

（3）《中国海关统计年鉴》（2011～2013 年），中华人民共和国海关总署编制。

（4）《中国统计年鉴》（2014 年），中国统计出版社。

（5）《中国奶业发展报告》（2010 年），中国经济出版社。

（6）中国奶业协会信息网（www. dac. org. cn）、中国乳制品工业协会信息网（www. cdia. org. cn）、国家统计局（www. stats. gov. cn）、内蒙古自治区统计局（www. nmgtj. gov. cn）和中国食品工业网（www. cfiin. com）。

（7）其他文献统计资料。

1.5 本书可能的创新与不足

1.5.1 本书可能的创新点

本书全面分析了内蒙古乳制品业的发展现状，在此基础上，围绕内蒙古乳制品业新型化的内涵及特征、制约因素、新型化水平以及新型化的路径与模式等关键问题，进行了探索性研究，研究的创新之处体现在以下几个方面：

（1）界定了乳制品业新型化的内涵及特征。科学界定乳制品业新型化是深入研究其发展路径与模式的前提，优化结构、创新体制、减少能耗、降低污染、提升乳制品科技含量是乳制品业新型化科学内涵的应有之义。因此，本书认为，乳制品业新型化就是按照减少能源消耗、降低环境污染的总体要求，采用高新技术对现有生产条件进行更新改造，不断优化乳制品结构、提升乳制品科技含量和竞争力，在此基础上，优化乳制品产业链组织方式和营销模式，创新体制机制，促进乳制品业可持续发展的动态过程。其本质特征体现在：技术进步是重要手段、优化产品结构是必然选择、组织模式创新是关键、市场创新是有效途径、制度创新是重要保障、资源节约和环境友好是客观要求。

（2）构建了乳制品业新型化水平评价指标体系。在借鉴已有成果的基础上，本书构建了由 3 个一级指标、12 个二级指标构成的内蒙古乳制品新型化水平评价指标体系，其中一级指标由乳制品企业的经济创造能力、成长能力和能源利用能力组成，这三个方面涵盖了乳制品企业的生产效率、经营绩效、发展潜力、节能环保以及市场竞争力，在数量上反映了内蒙古乳品企业的产出规模和经济效益，在时间上体现了内蒙古乳品企业的发展状况和变化趋向，在层次上反映了内蒙古乳品企业的基本功能和发展水平，是内蒙古乳制品业新型化的关键变量。此外，利用上述指标体系对内蒙古乳制品业新型化水平进行了单维与综合评价，结果认为内蒙古乳制品业新型化水平年际间波动较大，高低水平交替出现。其原因是，一方面近年来接连发生的乳制品质量安全事件，严重挫伤了百姓的消费信心，洋品牌受到追捧，国内乳制品的市场份额严重缩水；另一方面内蒙古乳制品业的发展依赖于政府部门的政策导向，危机过后，乳制品产业发展政策对微观市场主体行为影响较大。

（3）分析了内蒙古乳制品业新型化的影响因素。本书中以乳制品企业为核心，从乳制品企业所面临的外部环境和内部条件两个角度对内蒙古乳制品业新型化的制约因素进行了分析，结合基础数据的可获得性，在外部因素方面，着重探讨了乳品企业的产业发展环境、外部条件及产业集聚程度对乳制品业新型化的影响，而内部因素主要从资本—劳动比率、企业规模和企业的广告密度三个方面进行研究。结果认为，企业广告密度与乳制品业新型化水平呈显著的正相关关系，且弹性系数较大，其原因是乳品企业大量的广告植入直接提升了乳制品企业的品牌形象与品牌价值；其他对乳制品业新型化具有正向作用的因素还诸如：产业环境、产业集聚程度、资本—劳动比、乳品企业销售收入等。但是城镇居民人均乳品消费支出占食品消费支出之比、乳制品企业的利润额与乳制品产量变化在一定程度上阻碍了内蒙古乳制品业新型化进程。

（4）提出了内蒙古乳制品业新型化的路径及模式。内蒙古乳制品业新型化的路径主要包括五个方面：第一，通过信息技术的应用，改变乳制品业竞争格局与传统的生产方式，转移生产要素并提高劳动生产率，以此带动乳制品业转型升级；第二，对乳品企业的生产设备、传统工艺以及产品进行技术更新与改造以实现乳制品业新型化；第三，按照循环经济发展的要求，延伸产业链、建设产业园区、建立企业制度，对乳制品业进行生态化改造，进而推动乳制品业新型化进程；第四，通过优质奶源基地建设、建立自律机制、推进科技创新等方式，从原料奶生产、乳制品加工及销售等关键环节确保乳制品质量安全，提高乳制品业新型化水平；第五，按照现代化标准，建立高效运行的企业管理制度，最终实现乳制品业新型化。乳制品业新型化过程可采取以生产要素推动的新型化，也可采取以技术创新驱动的新型化；可采取以动力创新拉动的新型化，亦可采取以品牌创新带动的新型化模式。

1.5.2 不足之处

本书以内蒙古乳制品业新型化为主题，力求使理论研究与实证分析接近客观事实，符合内蒙古乳制品业的发展逻辑，但受时间、精力以及基础数据的限制，依然存在一些不足之处。

（1）乳制品制造业是乳品产业最为关键的环节，本书将乳制品业新型化的重点定位为乳制品制造业的新型化，不可否认，原料奶生产中涉及的质量安全、乳制品销售过程中的战略选择等也是乳制品业新型化进程中的重要方面，诸如此类问题，尽管在报告中有所体现，但研究不够深入。

（2）按照空间经济学的观点，随着区域经济一体化进程的不断加剧，各个盟市之间的独立程度在逐渐弱化，也就是说盟市之间乳制品业新型化水平与质量将呈现一定的空间相关性（全域相关、局部相关）和空间依赖性；此外，要素市场逐步开放度，使得生产要素自由流动，盟市之间的空间关系会进一步加强。因此，从空间的角度，深入分析内蒙古各盟市之间的关系，进而探讨盟市乳制品业新型化的趋同趋势，将对制定内蒙古乳制品业区域协调发展政策更具借鉴意义，这一问题在本报告中涉及较少，有待进一步研究。

1.6　本章小结

作为研究之开篇，本章首先分析了内蒙古乳制品业新型化的研究背景，并从理论与实践两个层面对内蒙古乳制品业新型化研究的理论意义与现实意义进行了阐述；其次提出了本书研究的主要内容，详细概括了课题研究的总体思路，并对研究方法与基础数据来源进行了说明；最后总结了研究的主要创新点与有待于进一步研究的内容。

2 理论与文献综述

2.1 相关概念界定

2.1.1 乳制品

广义的乳制品是指以生鲜牛（羊）乳及其制品为主要原料，经加工制成的产品。本书提到的乳制品（Dairy products）不包括羊乳及其制成品，是指以生鲜牛乳及其制品为主要原料，经加工制成的产品。根据我国食品工业标准体系，乳制品按制造工艺分为六大类：

（1）液体乳类，包括杀菌乳、灭菌乳、酸牛乳、配方乳；

（2）乳粉类，包括全脂乳粉、脱脂乳粉、全脂加糖乳粉和调味乳粉、婴幼儿配方乳粉、其他配方乳粉；

（3）炼乳类，包括全脂淡炼乳、全脂加糖炼乳、调味/调制炼乳、配方炼乳；

（4）乳脂肪类，包括稀奶油、奶油、无水奶油；

（5）干酪类，包括原干酪、再制干酪；

（6）其他乳制品类，主要是指干酪素、乳糖、乳清粉等。

2.1.2 乳制品业

乳制品"加工"是指将生鲜原奶经过高低温加热消毒后制成适于饮用的液态奶品,而乳制品"制造"是指将原奶经过浓缩、发酵等过程制成奶粉、乳酪、黄油等制品的过程(CEI 中国行业发展报告:乳制品业,2004),二者分别属于食品加工业和食品制造业。2011 年修订的《国民经济行业分类》(GB/T 4754 – 2011)中将二者统一归类于食品制造业中的"乳制品制造",本书中所指的乳制品业(Dairy Product Industry),倾向于将乳制品业定义为以生鲜牛乳及其制品为主要原料,经加工制成的液体乳及固体乳(乳粉、炼乳、乳脂肪、干酪等)制品的生产活动。它是以乳制品加工制造为中心环节的,涵盖了原料奶生产、乳制品加工制造、乳品销售等主要环节的乳制品产业链。

2.1.3 新型化

目前,对于新型化的标准概念学术界尚无统一界定,崔国红(2004)指出,传统产业新型化,就是通过运用高新技术和先进适用技术对传统产业的改造和提升,努力降低其环境污染和资源消耗,提高其附加值和竞争力,从而不断提高传统产业内部新型产品的比重[1];李廉水等(2005)[2]学者认为"新型制造业"就是依靠科技创新、降低能源消耗、减少环境污染、增加就业、提高经济效益、提升竞争能力,能够实现可持续发展的制造业。新型制造业的内涵大致可以表述为:以人为本、科技创新、环境友好和面向未来。结合内蒙古乳制品业发展的客观实际,本书认为,乳制品业新型化即按照减少能源消耗、降低环境污染的总体要求,采用高新技术对现有生产条件进行更新改造,不断优化乳制品结构、提升乳制品科技含量和竞争力,在此基础上,优化乳制品产业链组织方式和营销模式,创新体制机制,促进乳制品业可持续发展的动态过程。其本质特征体现在:技术进步是重要手段、优化产品结构是必然选择、组织模式创新是现实选择、市场创新是有效途径、制度创新是重要保障、资源节约和环境友好是总体要求。

2.2 理论基础

2.2.1 新型工业化理论

新型工业化是 2002 年中国共产党在第十六次全国代表大会上提出的，报告指出，新型工业化是以信息化带动工业化，以工业化促进信息化，走一条科技含量高、经济效益好、资源消耗低、环境污染少、人力资源优势得到充分发挥的工业化新道路。2012 年 1 月，国务院正式发布了《工业转型升级规划（2011～2015 年)》，指导后续的工业发展方式。新型工业化不同于传统工业化，是将信息化放在发展的重要位置，在产业发展中充分运用高新技术，不断用信息化推动工业化发展。党中央根据世界经济科技发展的新趋势和走新型工业化道路的要求，针对我国现阶段发展中存在的问题，提出了走新型工业化道路的战略部署，主要内容有大力推进产业升级、坚持实施科教兴国与可持续发展两大战略、协调城乡关系，走中国特色的城镇化道路。

我国当前产业发展中凸显一些严重的问题，如：产业低端化、环境压力大等，在这种情况下，要实现中国经济的可持续发展，必须鼓励企业转型升级，转变经济增长方式。企业转型升级面临巨大的压力，但也蕴藏着巨大的经济潜力。乳制品业作为内蒙古地区的支柱产业与优势特色产业，也应该抓住时机，推动乳制品行业转型升级，培育企业创新发展方式，走新型化道路。加大技术投入力度和研发力度，建立完善的信息化体系，以信息化推动行业发展，提升生产效率，以此抵消生产成本上升带来的压力。同时也要进一步提升管理水平，保证乳制品质量安全，大力发展奶源生产基地，加快建设具有国际竞争力的大型乳业集团，推动乳制品业新型工业化基地建设。

2.2.2　技术创新理论

技术创新理论作为一门新兴学科，不仅发展速度较快，而且具有较强的综合性。从国外首次提出技术创新理论到目前，已达半个世纪，技术创新理论也在不断发展创新，并形成了四大理论流派。

熊彼特（Joseph A. Schumpeter）首次在其著作《经济发展理论》中提出技术创新理论（Technical Innovation Theory）。当时，熊彼特认为"创新"即为建立新的生产函数，使生产要素和生产条件实现新的结合，以便引入生产体系。其内容大致包括：制造新的产品、新的生产方法、开拓新的市场、选择新的供应商、采取新的组织形式。换言之，"创新"是推动经济发展的内在力量，也是一个具有创造性的打破惯例的行为。旧企业的减少甚至消失，新企业的逐渐诞生，经济呈上升趋势，各类生产要素不断优化，这些变化都在某种程度上受技术创新的影响。熊彼特对于创新理论的论述为技术创新理论奠定了坚实的基础。

目前，西方技术创新理论已经形成了新古典学派、新熊彼特学派、制度创新学派以及国家创新系统学派。

新古典学派的研究以"市场失灵"为基础，代表人物是索洛（Robert Merton Solow），他认为技术创新是经济增长的内生变量，深入研究技术进步对经济增长的作用。其研究从两方面入手：一方面是分析技术创新对于现代经济增长的贡献率；另一方面是把技术创新归纳于经济增长模型。这两方面都把技术创新一并视为经济增长的要素。同时，新古典学派还注意研究技术创新中政府的干预作用，提出当市场失效时，政府应采取各项间接调控手段，对技术创新活动进行干预，以提高技术创新在经济发展中的促进带动作用。

新熊彼特学派主要是指 20 世纪 50 ~ 60 年代的创新研究，这一时期的研究侧重于企业规模与市场结构和创新的关系。它坚持了熊彼特学派的传统理论，强调技术创新的核心作用，提出了技术创新扩散、企业家创新和创新周期等模型。谢勒尔认为，专利发明（即创新）并不与企业规模成正比；阿罗认为，完全竞争比完全垄断更有利于创新；卡米恩、施瓦茨认为，垄断竞争的市场结构最有利于技术创新。

制度创新学派的代表人物是兰斯·戴维斯与道格拉斯·诺斯，他们利用一般静态均衡和比较静态均衡，分析了技术创新的外部环境制度。这一学派认为，技术创新受制度创新的影响，选择好的制度会促进技术创新；反之，则会制约技术创新。兰斯·戴维斯与道格拉斯·诺斯概括了促进制度创新的各项因素：技术经济性、规模经济性与预期收益刚性。技术经济性指生产技术发展推动人们进行技术创新，以便获取潜在利益。规模经济性指市场规模扩大带动制度变革，各项成本减少，经济利益增加。预期收益刚性指为防止预期收入的下降，需采取的制度变革措施。这一学派肯定了制度创新对技术创新的重要决定作用，也承认了技术创新可以增加制度创新的收益，并有效降低成本。

国家创新系统学派以克里斯托夫·弗里曼、理查德·纳尔逊为代表，通过具体的实证分析，认为技术创新是由国家创新系统推动的。企业等创新主体受国家制度作用，实现知识的创新和应用，反之作用于整个国家的技术创新（张磊、王淼，2008）[3]。

2.2.3 核心竞争力理论

企业能力理论在经济学上的起源可追溯到亚当·斯密（Adam Smith）在《国富论》中的劳动分工理论。他对劳动分工如何影响劳动生产率并影响经济增长做出了深入分析。基于这一基础，马歇尔（Alfred Marshall）于 1925 年提出"企业内在成长论"，即为核心竞争力的雏形，并指出分工与其知识和技能有关，这也正是企业能力的表现。之后，艾迪斯·潘罗斯（Edith Penrose）深入研究了企业成长问题，认为企业的知识积累可以节约稀缺的决策能力资源，管理者才可以有效解决新的问题。乔治·理查德森提出了组织经济活动的企业知识基础论，进一步发展了企业成长论。随后，菲利普·萨尔尼科（Philip Selznick）提出了企业特殊能力的概念，首次用独特竞争能力来表明企业在某方面优于竞争者的情况，他总结：能够使一个组织比其他组织做得更好的特殊物质就是企业的特殊能力。后来，又有其他学者通过不同的实证分析提出独特竞争能力可能获得更高的经济绩效（曹桂银，2005）[4]。

最早提出核心竞争力理论的人是普拉哈拉德（C. K. Prahalad）和哈默尔（G. Hamel），他们认为核心竞争力即是组织内部一系列互补的技能与知识的结合，可使组织的一项或多项业务达到世界一流水平。核心竞争力的特征为顾客价值性、延展性和独特性。只有资源、知识以及能力同时符合以上特征时，才有可能成为企业的核心竞争力（滕世刚，2003）[5]。

顾客价值性是指核心竞争力必须有价值，并且该价值必须是顾客所珍视的价值，同时可以快速的为顾客创造利益。延展性是指核心竞争力有助于企业进入市场，并可以把这种作用拓展到更多的产品上。独特性是指企业特有的技能或水平远远高于整个行业的技能特性。

越来越多的学者认为，核心能力并不在于企业拥有多少经营资源，而是取决于其创造性工作。核心能力不仅仅是技术技能，更是一种制度化的依存与联系，这种联系可以为企业识别和提供竞争优势，并从知识技能、管理体制、实务系统、价值观等方面入手，进行长期化的开发，构建具有竞争优势的知识体系。

总之，其本质就是一项知识或技能，表现形式不拘一格，有着很强的互补性、相对性和具体性。核心竞争力必须相对于具体的企业、具体的业务、全球的竞争对手而言，并需要随着时空的变化做出相应的调整。

2.2.4　产业生命周期理论

产业生命周期理论是在产品生命周期理论的基础上发展而来的，而产品生命周期理论最早是由美国哈佛大学教授雷蒙德·弗农（Raymond Vernon）于1966年提出的，根据产业周期理论，任何一个产业都会经历从出现到衰退的过程，这个过程分为四个阶段，幼稚期、成长期、成熟期到衰退期，整个生命周期呈现

"S"型曲线。

在幼稚期，产业初步形成，投入较高，产业利润低，市场增长率较高，产业内技术变动较大，企业初创对于市场信息了解不多，亏损的可能性较大；产业在不断经营下逐步提升，进入成长期，这一阶段已经在市场上占有一定的规模，新产业的产品经过前面一段时间的宣传逐渐获得认可，市场需求量增加，给企业带来了收益，因此众多的厂商对产业进行投资，生产出不同种类的产品，企业之间出现竞争，生产厂商的扩大和产品产量的增加会导致市场需求出现供过于求的状态。在这种情况下，企业要想赢得市场，必须要制定新的策略，通过改进产品质量、降低产品价格、研究产品新用途等方法来提高本企业产品的市场占有率，获取竞争优势，保证企业经济效益，经过一段时间的市场选择之后，不少发展滞后、技术落后、收益低下的企业被淘汰，该产业的企业数量开始趋于稳定，此时便进入成熟期，这一时期几个经营较好的企业垄断了整个市场，彼此之间都在市场上占有一定的地位，企业生产技术已经成熟，利润增长率下降，新企业难以进入，较长时间的稳定后，由于出现了替代产品，原来的产业垄断企业销售量下降，市场需求减少，企业利润低，经营不善，此时原产业已经进入衰退期，企业收益无法保证成本费用，产业在无法维持之后不得已瓦解，至此整个产业的生命周期结束（见图2-1）。

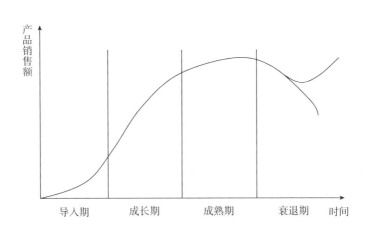

图2-1　产品生命周期发展阶段

产业的发展需要依靠产品的更新和改进来实现，同时也受技术创新的影响，如果一个产业内有先进的技术和设施，保证新产品的研发和创新，就能实现这个产业在市场上的长久不衰。因此在一般情况下，产品生命周期较技术生命周期和产业生命周期要短。

乳制品业的发展也遵循产业生命周期理论，从幼稚期到成长期，再到成熟期，直至衰退期，近几年内蒙古乳制品业蓬勃发展，随着市场需求的多样化，乳制品业有可能逐渐步入衰退期，而如果企业在这时使用新的技术或研发出新产品，实现乳制品业的新型化，那么就会延长乳制品业的成熟期，使其在市场上得以持续发展。

2.3 国内外研究进展及评述

本书的选题建立在内蒙古自治区乳制品业新型化的现实背景下，以技术创新、核心竞争、产业生命周期及新型工业化理论为理论基础，为使本书建立在客观的理论现实基础上，本节将从新型化、乳制品业生态化、乳制品业产业化、乳制品生产效率四方面对国内外已有文献进行综述。

2.3.1 关于新型化的研究

产业结构对经济增长速度、收入分配均衡度、就业状况以及社会环境有着很大的影响。因此，新型化的产业结构可以改善传统产业的不足和缺陷，促进其系统不断更新和升级。

李廉水等学者是国内早期研究新型化的专家，李廉水、周勇（2004）界定了新型制造业的概念，构建了新型化评价指标体系，并对我国制造业新型化程度进行了比较分析和聚类分析[6]；类似的研究如王亚玲（2008）[7]，王怀明、李廉水

(2009)[8]，王怀明（2010）[9]，袁长跃（2007）[10]等学者的研究。

曹鹏（2009）认为，中国制造业的新型化需要建立三维能力评价系统，包括经济创造能力评价、科技创新能力评价、环境资源保护能力评价，新型化评价系统是包含这三大能力的统一的整体概念。以这一系统为基础，可以利用聚类分析的方法，对产业的新型化水平及特征做出明确的分类和概括，以便更为直观便捷的了解现实状况[11]。

刘书芬（2008）分析了中国各大产业的新型化程度。研究显示，全国第一产业东、西部地区两极分化严重，东部地区新型化程度较高，西部地区则较低，中部差别不大。全国第二产业新型化程度由东部地区向西部地区递减，中部处于中间水平。全国第三产业新型化程度最高的地区位于东部，其次为西部，中部最低。从整体上看，东部地区的新型化程度最高。为提高全国整体的新型化水平，就要注意如何促进产业新型化发展。方法主要为：优化第三产业、提高现代信息技术、推行可持续发展、提倡绿色文明、适应国内外市场需求等（刘书芬，2008）[12]。

卢建明对山西省传统产业的新型化问题做出了具体研究，认为加强产业循环经济研究可推动山西工业的新型化进程。他提出，工业新型化是推动一个地区产业实现转型和跨越式发展的重要举措和有效方式，而传统产业的循环化发展则是这一举措的具体要求（卢建明，2013）[13]。通过发展循环化、生产清洁化、增产技术化等多项措施，可帮助加快这一地区的工业新型化步伐，以便进一步促进其经济发展。

王兴文提出加快我国奶业转型升级刻不容缓。我国农村经济面临的压力较大，针对国内外竞争状况越演越烈的问题，我国奶业需要加快结构调整和方式转变的步伐，提高产业转型升级的速率。从长远角度出发，奶业的布局与结构需要调整，发展重点要从数量增长转向数量与质量同时发展上。并且，要注意发展南方的新兴产区，转变奶牛的养殖方式，创新奶业的发展体制，培育新型的经营主体，培养现代化奶业的新型奶农（王兴文，2015）[14]。

宋亮、刘丽（2015）分析了我国乳业转型升级中的三大矛盾：进口与国内加工及养殖矛盾、加工环节与养殖环节矛盾、乳业海外投资增加与国内投资减少的矛盾，并提出推动中国乳业转型升级的措施：加强质量监管、建设自有奶源基地、提高乳制品企业准入门槛等[15]。

2.3.2　关于乳制品业生态化研究

生态即产业的生存和发展状态，其侧重点在于产业与环境之间的重要和谐关系。现代社会中，人类为获得好的产品、更大的经济利益，就不断开发现代的技术装备和先进仪器，以便获取更多的自然资源。因此，基于这种过度的开发行为，许多环境问题随之产生，出现了许多生态污染与生态破坏问题，乳制品业亦不例外。于是，众多学者开始反思这类行为，并着手研究生态化问题，针对这一问题学术界展开了深入讨论。

董筱丹（2002）提出，走奶业的可持续发展道路是我国奶业稳定发展的重要途径。整个畜禽养殖业对环境造成了一定程度的污染，而其中的重要部分奶牛养殖业所造成的污染问题则更加严重。大量废弃污染物的排出加重了土地环境的负担，所以在环境管理上出现了很大的问题。因此，就需要保持种植业与养殖业间的良性互动，以解决养殖污染问题[16]。

刘成果（2005）[17]在奶业生态环境国际论坛上的报告讲到，我国的奶牛养殖业具有重大的环境保护意义，是农村小康建设、发展循环经济、开发生物能源、保障奶业可持续发展的需要。因奶牛养殖业的环境方面仍存在很多问题，如：粪便处理系统的缺失、资源化利用设施不够完善、配套耕地面积不足等，所以我们需要提高环保意识、合理规划布局、加大环境保护的扶持力度、强化技术推广、扩大法制建设，通过以上对策来保证奶牛养殖业的生态化发展。

潘刚（2011）认为，乳品业的健康快速发展决不能以破坏和牺牲环境为代价，所以，我们应该既降低畜牧业养殖给环境造成的污染，又要注重可再生和循环能源综合利用技术的开发研究，并在牧草的种植培育、饲料的生产加工、奶牛养殖、残留物无害化处理以及资源化的合理利用等各个环节投入使用，以达到节约资源的目的。为此，他提出了乳业发展循环经济的策略，将产业链分为上、中、下游，并分别规定了其发展宗旨。这样将更贴近社会、环境、经济三大效益的要求[18]。

孙作刚（2006）指出，通过加强对秸秆、粪尿等有机废弃物的利用，采用生物技术提高生物质能的转化率，利用生物防治和营养调控技术提高奶牛健康水平，减少有害物质的排放，生产出绿色牛奶和无污染能源，来发展生态奶业[19]。

2.3.3 关于乳制品业产业化的研究

关于乳制品业产业化的研究，国内外学者均有不同的看法，从不同方面予以论证，对乳业产业化内涵的界定，丁力（2003）认为，奶业从开始就是一个现代型的产业，其特点是侧重于产业经营，他从中国发展奶业产业化的产业理念、产业前沿、产业资源、产业运行方式、产业安全问题、产业组织问题几方面进行了详细的论述[20]。李易方（2000）认为，在乳业产业化进程中要保证农户获得相应的经济效益，调动起他们的生产积极性，并使其具有扩大再生产的能力[21]。

对乳业产业化经营模式的探讨，马国巍（2011）[22]指出，我国奶农的乳业合作社与欧美发达国家以大规模农场为经营方式的合作社有一些区别，我国乳业合作社在组织结构、管理方式等方面仍有欠缺，在产业化过程的大背景下，农业合作经济组织成立的困难主要在于大环境不乐观以及合作制度欠缺、认识程度低等。李晶（2007）认为，奶业产业化经营中利益分配机制直接影响产业化进程的实施，现阶段奶业利益分配机制主要有两类：一是以商品合同为纽带的利益分配机制，二是以要素契约为纽带的利益分配机制。文中通过建立模型，运用比较研究方法分析两种分配机制造成的结果，得出以要素契约为纽带的利益分配机制更能促进奶业发展，但是目前我国奶业产业化经营主要采用以商品合同为纽带的利益分配机制，他认为，可以通过政府发挥作用来弥补线性分配机制的不足[23]。杨伟民（2010）认为，我国奶业产业链的各个环节的发展水平、结构特征决定了我国奶业产业链纵向协作的现状，产业之间由于路径依赖组织力量不对称，致使整个产业经济绩效较低，为了解决这个问题，必须改变现有产业链的格局，才能促进奶业持续发展[24]。

国外学者 Spekman、Kamauffjr、Myhr（1998）[25] 认为研究奶业产业链时应该将研究的重点放在奶生产者上。而 Gurpreet lssar（2004）认为分析奶业时只从产业链的角度来看是不够全面的，她将产业竞争力和组织能力融入产业链的各个环节的战略中，并试图从战略这一更宽泛的角度研究奶业产业的持续发展。Martine Dirven（2001）从产业集聚的方面探讨了奶业的发展道路。他认为，许多大公司以及一些跨国公司在奶品产业链上的加工和销售额日益增加，国内奶业的发展对小规模公司的依赖逐渐变小，这样一来，其市场份额随之减少，奶业集聚将成为其发展的一个重要特征[26]。

对乳业产业化经营中存在的问题，周宪锋（2010）认为影响中国奶业产业健康发展的因素主要有产业结构不合理，结构性矛盾突出，即奶业产业链上各环节利益主体利益分配不均，乳制品加工能力较强，但奶源基地建设薄弱，奶制品销售利润低，建议建立原料奶价格保护机制，以及建立统一的奶制品监测体系[27]。刘宇宏（2006）通过对内蒙古奶业发展现状进行研究，指出内蒙古奶业产业化过程中存在的问题，就据此提出促进内蒙古奶业产业化发展的对策和建议，如培育扶持乳品加工龙头企业，加快建设原料奶基地，保证奶源质量，推动奶业产业技术进步，完善利益分配机制、提高奶业产业化水平等[28]。类似的研究包括：王树进（2003）[29]，张永根、王明丽（2005）[30]，黄卫红（2007）[31]，吉忠伟、徐文秀、张桂荣（2006）[32] 等学者的相关研究。

对乳业产业化中政府作用的研究，王威、顾海英、侯守礼（2004）从政府作用角度分析了乳业产业化的变迁，组织制度的变迁过程是各方利益不断博弈的结果，政府在其中很大程度上起到了制度供给者的作用，因此可以说，中国奶业产业化的变迁基本是政府主导的供给型的制度变迁，在这一过程中，政府的职能发生了转变，政府角色从弱到强，又从强到弱，是符合产业发展规律的[33]。

2.3.4　关于乳制品业生产效率的研究

关于乳制品业生产率的研究主要集中于两个方向：一是关于原奶生产效率的

研究，二是关于乳制品业生产率的探讨。

国内外学者对原奶生产效率展开了深入研究并形成了一系列研究成果，特别是对不同国别的研究富于参考意义。Kompas（2003）[34]利用 Tornqvist 指数对 1979～1999 年澳大利亚奶牛场的全要素生产率进行了测算；Alvarez、Arias（2003）[35]基于超越对数生产函数模型，研究了西班牙奶牛场的技术效率；Pierani & Rizzi[36]（2003）对意大利奶牛场的技术效率进行了分析，但他们使用的是受限制的 SGM 成本函数模型；Lawson、Agger、Lund 等（2004）[37]利用调查数据，对丹麦奶牛场的生产效率进行了测算；Barnes（2006）[38]考察了苏格兰奶牛场的技术效率，在此基础上，对技术非效率的影响因素做了进一步研究，在他的研究中，使用了传统的 DEA – Tobit 两步法。

国内关于原奶生产效率的研究成果主要有：曹暕、孙顶强、谭向勇[39]（2005）采用随机前沿生产函数模型，对我国农户奶牛生产技术效率及影响因素进行了分析，发现农户奶牛生产过程中存在显著的效率损失，平均技术效率为70%；与此类似，彭秀芬（2008）[40]基于超越对数生产函数的随机前沿生产函数模型的研究结果显示，我国原料奶生产的平均技术效率为91%，增加饲料投入、提高农民收入水平和技术服务有利于提高技术效率。马恒运、唐华仓和 Allan Rae[41]（2007）基于随机投入距离函数，分析了中国牛奶全要素生产率增长及来源，研究结果显示，国有及集体和个体奶牛场全要素生产率的年均增长率分别为0.25% 和 2.33%，主要来自于技术进步，中国牛奶生产的技术效率水平为80%～90%。此外，马恒运（2009）[42]基于全国农产品生产成本调查资料，利用超越对数投入成本距离模型，测算了我国 6 个主要牛奶生产省份的全要素生产率，并重点分析了河南省的情况，研究指出，河南的牛奶生产规模较小，技术效率较低而且有明显的下滑趋势。马恒运、王济民、刘威等（2011）[43]运用 SDF 与 Malmquist 指数方法对我国原奶生产全要素生产率增长方式的研究表明，原料奶生产的全要素生产率增长较缓慢，技术效率决定全要素生产率增长强度，技术水平退步是阻碍全要素生产率增长的主要原因，两种估算结果得到的全要素生产率无显著差异，且排序存在一致性。王德祥、徐德徽[44~45]（1997）运用 DEA 方法，分析了北京奶牛业的利润率和效率，进而探讨了效率和获利率的关系，研究认为，北京奶牛场的饲养投入效率达94.04%，已无太大的改进空间，劳动力的投入效率是81.88%，固定成本和资本成本的效率分别是83.84%和85.69%，潜力空间很大。

卜卫兵、李纪生（2007）[46]探讨了我国原料奶生产的组织模式及其效率，比较了农户家庭散养、奶牛养殖小区和现代化牧场三种原奶生产组织模式的经济效率、技术效率和配置效率，研究指出农户家庭饲养模式的经济效率要高于牧场和奶牛养殖小区，但其技术效率和配置效率却不高。张永根、唐赛涌（2008）[47]对黑龙江省奶牛不同养殖方式的效率进行了研究，他们的结论是与养殖小区和规模化牛场相比，黑龙江散户养殖方式的平均单产水平低，经济效益差，收益率低，经常会陷入一种低投入、低产出、低效益的恶性循环之中。类似的研究如朱娟、胡定寰（2009）[48]对农户散养奶牛规模经济的分析认为，散户的经济效益与养殖规模、养殖组织模式、养殖技术和奶牛品种等因素有关，在6～10头的奶牛养殖规模下，奶牛生产性能最高，奶农净收入最大。

通过对现有文献的整理发现，对乳制品业全要素生产率的研究不多。Celikkol & Stefanou（2004）[49]运用随机前沿生产函数对美国1972～1995年乳制品业TFP进行了测算，并将之分解为技术效率和规模效率。张莉侠、刘荣茂和孟令杰[50]（2006）运用非参数Malmquist指数方法对中国乳制品业全要素生产率的变动状况进行了研究，结果表明，1998～2005年中国乳制品业全要素生产率以年均0.6%的速度增长，技术效率的下降不足以抵消技术进步的增长；五大奶业产区的全要素生产率的增长也均为正值，技术进步的增长支撑着各地区乳制品业全要素生产率的增长。尹云松、孟令杰（2008）[51]选用资本和劳动为投入指标、乳制品业总产值为产出指标，运用Malmquist指数分析方法，对2002～2006年中国乳制品业全要素生产率的变动情况进行了实证分析，研究表明，2002～2006年中国乳制品业全要素生产率的年均增长率为11.4%，其中技术进步为9.7%，技术效率为1.5%，技术进步构成了中国乳制品业全要素生产率增长的主要动力；分省份测算显示，76.7%的省份乳制品业全要素生产率增长的主要动力来自于技术进步；分不同企业规模和企业经济的测算表明，除集体企业外，乳制品企业全要素生产率增长的主要动力均来自于技术进步。李翠霞、邹晓伟（2010）[52]选用 DEA 方法的 CCR 产出导向模型，选取了原料奶投入量、劳动力和乳品企业资产额以及乳制品产量和乳品企业产值指标，研究了 2003～2007 年黑龙江乳制品加工业的生产效率，研究指出，黑龙江乳制品加工业生产效率不高，样本年份仅有 2007 年达到了最佳状态，其他年份均处于非最佳状态；原材料不能充分转化成产出，有效产出不足；生产要素投入匹配不合理。卢宁、李国平[53]（2010）对中国乳制品行业技术效率的研究认为，1998～2007 年中国乳制品行业技术效率以年均 4.93% 的速度增长，乳制品行业的企业规模和资本密度是促进乳制品行业技术效率提升的积极因素，同时技术效率具有明显的区域差异性，这种技术效率的差距在扩大后出现收敛迹象。吕裔良（2008）[54]基于 C^2R-DEA 模型和 C^2GS^2-DEA 模型，分析了中国乳制品企业效率，指出中国乳制品企业总体效率值差异显著，只有 3 家企业的总体效率值为 1，达到最优，大部分乳制品企业效率不高，要素投入没有得到充分利用。熊艳（2011）[55]基于 Malmquist 生产率指数分析了我国乳制品上市公司全要素生产率，研究表明，2004～2008 年我国乳制品产业上市公司的技术效率呈 V 型走势，技术进步水平不断上升，并且一直在支持乳制品产业上市公司的 Malmquist 指数，乳制品行业的 Malmquist 指数在逐年上升，且还有很大的提升空间。

上述研究成果分别从不同侧面反映了中国乳制品业全要素生产率的客观情况，对全面研究乳制品全要素生产率具有重要参考意义。

2.3.5 简要述评

内蒙古乳制品业不论从规模上，还是从质量上均占有绝对优势，统计数据显示，历年内蒙古乳制品业各项发展指标都位居我国前列。尽管如此，内蒙古乳制品业粗放式增长方式的特征依然明显，这与新型工业化的发展逻辑并不一致。再者，近年来发生了很多乳制品质量安全事件，对于国产乳制品，相当比例的消费者失去了信息,乳制品质量问题再度引起广泛关注。因此,进一步提高内蒙古乳制品业发展质量、促进内蒙古乳制品业转型升级、加快内蒙古乳制品业新型化进程,成为内蒙古乳制品业亟待解决的问题。

从已检索到的文献资料看,尚未发现对内蒙古乳制品业新型化进行深入系统研究,已有研究一般只是集中在乳制品业转型升级的单一方面或从某个角度探讨乳制品业新型化问题。但是,本书认为,一方面,内蒙古乳制品业新型化,是传统乳制品业不断转型升级的过程,其重点在"化"上,因此乳制品业新型化要更加关注乳制品业全产业链的动态发展。另一方面,乳制品业新型化的基本内涵涉及了乳制品业的科技信息化、技术高新化、生产生态化、产品高质化和管理现代化,是一个系统概念,需要由上述"五化"来共同推动,因此,对乳制品业新型化的研究既要全面,更要有重点。

2.4 本章小结

本章首先界定了与内蒙古乳制品业新型化这一研究主题相关的几个重要概念,乳制品、乳制品业以及新型化的范畴;回顾了贯穿新型化的基本理论(新型工业化理论、技术创新理论、核心竞争力理论与产业生命周期理论)及其主要思想观点,并进行了结论性评述,以使本书建立在坚实的理论基础之上;梳理了国内外关于新型化、乳制品业生态化、乳制品业产业化、乳制品业生产效率的研究进展并进行总结,以此为基础,提出本书的主题——内蒙古乳制品业新型化。

3 内蒙古乳制品业新型化现状

　　乳制品业是推动三大产业协调有序发展的重要产业，具有很强的战略性。自2000年中国奶业进入飞速发展阶段以来，内蒙古自治区作为奶业生产加工的重要产区，始终保持着良好的发展势头。近年来，内蒙古自治区乳制品业整体上取得了显著进步，趋势向好，在奶源基地建设、乳制品加工、品牌建设、市场监管以及政策措施等方面均保持稳定发展。2012年内蒙古地区奶牛存栏数为263.2万头，全区牛奶总产量910.2万吨。奶业形成了以嫩江、西辽河、黄河三大流域以及呼伦贝尔、锡林郭勒两大草原的五大牛奶生产区，全区牛奶产量达到10万吨以上的旗县区有26个。2013年内蒙古奶牛存栏达229.2万头，全年牛奶产量767.30万吨，乳制品产量为300.9万吨（中国奶业年鉴，2014）。目前，内蒙古乳制品业正在积极优化产品结构，进一步加强品牌建设，严格控制乳制品质量安全，增长方式实现由数量增长向质量效益转型。

3.1 内蒙古原料奶产量分析

3.1.1 奶类产量

　　内蒙古奶类总产量2006年以前增长速度较快（见图3-1），2004年全区奶类总产量为 502.06 万吨，2006 年达到 877.45 万吨，两年增加了 375.39 万吨；2006～2012 年较为平稳，年际间变化幅度不大，2012 年后下降趋势比较明显，2013 年内蒙古奶类总产量为 778.55 万吨，占全国奶类总产量的 21.33%，位居全国首位，但同比减少 152.10 万吨，降低了 16.34 个百分点。内蒙古奶类产品主要以牛奶为主，羊奶及其他种类只占较小比例，统计数据显示，在奶类产量中，牛奶产量占绝对比例，2004 年以来，该比例一致保持在 96% 以上，最高年份为 2007 年，达到 99.32%。

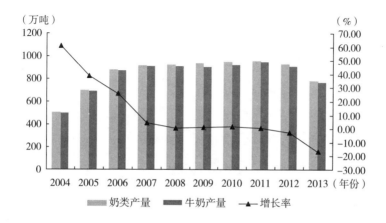

图 3-1 2004～2013 年内蒙古奶类及牛奶产量变化

从增长速度来看，2004 年以来，内蒙古奶类产量增速一路下滑，2004 年增长速度为 60.81%，2011 年下降到 0.54%，2012 年、2013 年奶类产量增速均为负值，分别为 -2.67% 和 -16.34%。

3.1.2 牛奶产量

随着内蒙古奶类产量的不断增长，内蒙古牛奶产量总体上呈逐年增加的趋势。2004 年内蒙古牛奶产量为 497.87 万吨（见图 3-2），到 2006 年牛奶产量达到 869.16 万吨，增加了 371.29 万吨，年均增长率达到 86.36%，这一阶段维持较高的牛奶产量及增长率，主要归咎于一系列奶业产业支持政策的出台，奶牛养殖数量大幅增加；此外，内蒙古两大乳业巨头伊利和蒙牛的带动作用已经体现出来了。2006～2011年，牛奶产量总体上呈增长趋势，但变化幅度不大，牛奶产量由2006年的869.16万吨增长到2011年的948.29万吨。2011年以后，随着乳制品业行业整顿政策的出台，奶牛养殖规模有所缩减，因此牛奶产量亦呈逐年减少之势，牛奶产量由2011年的948.29万吨下降到2013年的767.3万吨，这一阶段，尽管牛奶产量有所下降，但其质量不断提高，这与近年来内蒙古促进乳制品业转型升级的总体思路相一致，不论是政府决策层面，还是专家学者以及奶农，都意识到单纯靠数量增加来推动内蒙古乳制品业增长并不是可持续模式，要想获得长远发展，还需要提升乳制品业发展的质量。

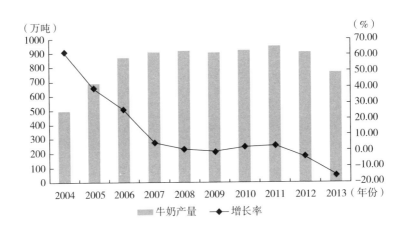

图3-2 2004～2013年内蒙古牛奶产量及其增长率

尽管内蒙古牛奶产量年际间呈上升趋势，但其增长速度逐年下降，特别是2011年以来，随着国家及内蒙古振兴奶业发展规划的实施，规模养殖场迅速发展，很多散养户有序退出奶牛养殖行业，奶牛养殖数量下降，牛奶产量呈负增长趋势，2004年牛奶增长率达到61.65%，但2011年仅为2.88%，2012年、2013年这两年负增长，分别为-4.02%和-15.7%。

3.2 乳制品加工状况

3.2.1 乳制品产值与产品结构

2011 年内蒙古乳制品企业实现产值385.59 亿元（见表 3 - 1），比 2010 年增加 39.79 亿元，是 2004 年的 2.41 倍，2004 年到 2011 年乳制品企业总产值年均增长率达到 5.03%，高于同期全国平均水平。2005 ~ 2012 年内蒙古乳制品企业销售收入呈逐年增加的趋势，2005 年实现销售收入 195.17 亿元，2012 年销售收入达到 332.53 亿元，7 年增加了 1.7 倍；随着销售收入的不断增加，乳制品企业利润总额也在递增，由 2004 年的 8.65 亿元增加到 2012 年的 22.35 亿元，其中，2010 年利润总额高达 47.32 亿元；2008 年爆发的三鹿婴幼儿奶粉事件，使乳制品业受到重创，内蒙古的乳制品企业也不例外，当年内蒙古乳制品企业亏损严重，亏损额高达 10.18 亿元。

表 3 - 1　2004 ~ 2012 年内蒙古乳制品企业经济指标　　　　单位：亿元

年份	2004	2005	2006	2007	2008	2009	2010	2011	2012
乳品企业产值	159.99	204.69	232.04	267.72	291.35	322.78	345.62	385.59	—
产品销售收入	—	195.17	224.95	260.44	276.50	311.70	337.87	376.67	332.53
利润总额	8.65	13.61	10.73	19.98	- 10.18	17.92	47.32	25.45	22.35

资料来源：《中国奶业年鉴》（2004 ~ 2013 年）。

2004 ~ 2013 年内蒙古奶类产量以及乳制品产量均呈逐年增加的趋势，这一结果一方面取决于内蒙古乳制品企业生产加工能力不断提升，另一方面与这些年内蒙古奶牛养殖规模不断扩大有关。2004 年内蒙古乳制品产量为 270.14 万吨

（见表 3 - 2），2011 年达到最大值 383.21 万吨，2011 年以后逐渐下降，2013 年乳制品产量为 300.92 万吨，尽管乳制品产量有所下降，但依然占全国乳制品总量的 11.15%，位居全国首位。

表 3 - 2　2004～2013 年内蒙古乳制品产量变化　　　　　单位：万吨

年份	奶类总产量	乳制品产量	液态奶产量	干乳制品产量
2004	502.06	270.14	256.35	13.79
2005	696.86	376.79	362.76	14.03
2006	877.45	345.77	310.11	35.66
2007	916.06	367.93	313.53	54.4
2008	921.23	355.94	325.71	30.23
2009	934.05	379.55	348.49	31.06
2010	951	345.36	308.92	36.44
2011	956.17	383.21	309.71	73.5
2012	930.65	325.67	273.39	52.28
2013	778.55	300.92	272.97	27.95

资料来源：《中国奶业年鉴》（2004～2013 年）。

乳制品由液态奶和干乳制品构成，其中液态奶是主要产品，其产量大约占乳制品产量的 90% 左右，2013 年乳制品产量中，液态奶与干乳制品所占的比重分别为 90.71% 和 9.29%（见图 3 - 3）。

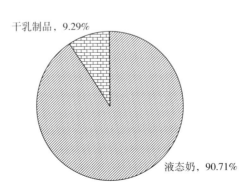

图 3 - 3　2013 年内蒙古乳制品产品结构

3.2.2 乳制品企业及其景气情况

随着国内乳制品业的迅速发展，内蒙古乳制品企业快速增长①，2004 年内蒙古乳品企业个数 47 家，此后逐年增加，到 2010 年已增加到 80 家（见表 3 - 3），2010 年后，受"三聚氰胺"事件的影响，乳制品行业进行了清理整顿，乳品企业规模有所缩减，截止到 2013 年底，内蒙古共有乳制品企业 64 家，占全国乳制品企业总数的 9.73%。2013 年内蒙古 64 家乳品企业中，亏损的乳企个数为 15 家，在全部乳制品企业中所占的比重为 23.44%，同期全国 658 家乳企中有 91 家为亏损企业，亏损企业占比 13.83%，内蒙古亏损乳企占比低于全国平均水平 4.1 个百分点。乳品企业从业人数亦呈不断增加的趋势，由 2004 年的 21964 人增加到 2012 年的 29392 人。

表 3 - 3　2004～2013 年内蒙古乳制品企业及从业人员

年份	2004	2005	2006	2007	2008	2009	2010	2011	2012	2013
乳企总数（家）	47	47	49	63	70	77	80	71	65	64
亏损数（家）	17	17	16	12	22	13	8	11	14	15
乳品企业从业人数（人）	21964	22123	22183	23697	26359	28628	30181	31779	29392	—

资料来源：《中国奶业年鉴》（2004～2014 年）。

内蒙古的两大乳制品企业伊利、蒙牛近年来业绩突出，伊利乳业 2012 年实现主营业务收入 417.36 亿元，较上期增加 44.71 亿元，同比增加 12.00%，蒙牛乳业 2012 年主营业务收入 360.804 亿元，由于销售下降较上年下降了 3.5%。2010 年蒙牛乳业和伊利乳业位列全球乳业 20 强企业第 18、19 位，销售额分别为 299 亿元和 286 亿元。截至 2014 年底，蒙牛集团年度销售额达到 500.5 亿元，净利润 23.5 亿元，与 2013 年相比，增长率分别为 15.4% 和 44.1%，营业收入

---

① 按照《中国奶业年鉴》的统计口径，此处乳制品企业指液体乳及乳制品制造业企业数。表 3 - 3 中的 2013 年乳制品业从业人数未做统计。

522.05 亿元，与去年相比上涨了 20.4%。截至 2014 年底，伊利乳业实现营业总收入 544.36 亿元，净利润 41.67 亿元，净利润同比增长 30%。

3.3 乳制品消费状况

近年来，内蒙古自治区经济迅速发展，城乡居民收入不断提高，居民的营养意识普遍得到加强，乳制品企业也在不断培育和开拓乳制品市场。因此，内蒙古乳制品的消费数量与消费结构也有了很大的变化和改善。据全国 36 个大中城市居民人均奶及奶制品消费统计，2012 年内蒙古呼和浩特市乳制品人均消费 27.4 千克，较 2011 年增加 1.99 千克，提高了 7.8%；乳制品人均消费额 362.73 元，比上年增加 36.79 元，提高了 11.2%。在此之中，鲜乳制品的人均消费量为 23.44 千克/人，同比上升 13.6%；酸奶的人均消费量以及奶粉的人均购买量都有所下降，分别为 3.58 千克/人和 0.38 千克/人，同比下降 18.4% 和 5%。城镇居民家庭人均全年乳制品消费支出逐年上升，2012 年达到 237.35 元/人，较上年增加约 15.40%。城镇居民家庭乳制品消费支出占食品消费比重也由上年的 4.14% 上升为 4.34%（见表 3-4）。农村居民家庭人均全年鲜奶购买量与消费量较为稳定，增幅较小。2004 年内蒙古农村居民年人均鲜奶购买量为 1.36 千克，到 2011 年增长到 2.99 千克；人均乳及乳制品消费量由 2004 年的 4.80 千克增加到 2011 年的 6.46 千克（见表 3-5）。

表 3-4　2004~2012 年内蒙古城镇居民年人均乳制品消费支出

单位：元/%

年份	2004	2005	2006	2007	2008	2009	2010	2011	2012
乳制品消费支出	111.99	120.14	124.96	133.32	159.78	175.51	173.47	205.68	237.35
占食品消费支出比	5.53	5.52	5.38	4.72	4.50	4.65	4.12	4.14	4.34

资料来源：《中国奶业年鉴》（2004~2013 年）。

表3-5 2004~2011年内蒙古农村居民人均乳制品消费量　单位：千克

年份	2004	2005	2006	2007	2008	2009	2010	2011
鲜奶购买量	1.36	2.27	2.55	2.91	2.68	2.66	2.78	2.99
乳及乳制品消费量	4.80	6.23	7.70	6.64	6.96	6.54	6.98	6.46

资料来源：《中国奶业年鉴》（2005~2012年）。

此外，内蒙古地区的乳制品购买情况在城乡间有着较大差异。城镇与农村两大区域的需求情况极不平衡。城镇居民家庭人均每年鲜乳品的购买数量及金额从2005~2011年始终保持稳定，且购买金额逐步上升。2012年城镇居民家庭人均每年鲜乳品的购买数量为17.45千克/人（见表3-6），支出金额为121.69元/人，较2011年分别增长3.68%和14.17%。而2005~2011年，农村居民的人均每年鲜乳品购买量仅维持在每人2.27~2.99千克，尽管保持小幅上升，但仍与城镇居民的购买量存在很大差距。

表3-6 2010~2012年内蒙古城乡居民乳制品购买　单位：千克/元

年份	城镇居民鲜乳品购买		城镇居民酸奶购买		城镇居民奶粉购买		农村居民鲜乳品购买
	数量	金额	数量	金额	数量	金额	数量
2010	16.64	95.26	3.19	22.59	0.36	15.44	2.78
2011	16.83	106.59	3.75	30.45	0.32	21.16	2.99
2012	17.45	121.69	3.51	30.75	0.35	24.76	3.02

资料来源：《中国奶业年鉴》（2011~2013年）。

3.4　乳制品价格变动

从长期角度分析，随着居民生活水平的提高以及物价的增长，自2007~2012年，内蒙古地区的袋装鲜奶平均价格整体上呈上升趋势。从每月的价格变动角度看，2007~2012年1月至11月价格整体增幅分别为24.06%、26.74%、25.13%、24.47%、25.81%、22.75%、22.75%、19.59%、21.24%、20.92%、

0.84%，12 月价格有所下降，减少了 10.11%。而从每年不同月份的价格变动角度看，2007 年、2010 年、2011 年以及 2012 年的袋装鲜奶平均价格基本都小幅增长（见表 3 - 7），2008 年与 2009 年则发生小幅减少。

表 3 - 7　2007 ~ 2012 年袋装鲜奶月度平均价格　单位：元/500 克

月份 年份	01	02	03	04	05	06	07	08	09	10	11	12
2007	1.87	1.87	1.87	1.88	1.86	1.89	1.89	1.94	1.93	1.96	2.37	2.67
2008	2.92	3.40	3.33	3.50	3.25	3.25	2.68	2.68	2.75	2.75	2.70	2.65
2009	2.71	2.72	2.73	2.65	2.73	2.63	2.63	2.63	2.63	2.63	2.63	2.64
2010	2.66	2.66	2.66	2.66	2.69	2.69	2.69	2.64	2.81	2.80	2.85	2.89
2011	2.89	3.00	3.02	3.02	2.93	2.94	2.95	2.95	2.97	2.97	2.97	2.97
2012	2.32	2.37	2.34	2.34	2.34	2.32	2.32	2.32	2.34	2.37	2.39	2.40

资料来源：《中国奶业年鉴》（2008 ~ 2013 年）。

3.5　乳制品贸易情况

中国不仅是乳制品生产加工大国，还是乳制品消费大国。近几年的经济发展带动乳制品贸易不断加大，活跃度稳步提升。根据 2004 ~ 2013 年中国奶业年鉴数据显示，内蒙古乳制品进出口贸易整体上增幅明显。

进口最多的产品主要为干乳制品、奶粉、乳清和干酪。干乳制品 2012 年的进口量达到 33826.84 吨（见表 3 - 8），较 2011 年增加 21.06%，进口额达 1.08 亿美元，较 2011 年增幅为 8.82%。奶粉 2012 年进口量为 30728.38 吨，进口额约 987 万美元，增幅分别为 13.75% 和 1.85%。乳清 2012 年进口量为 2769.44 吨，进口额约为 831 万美元，大幅增长，分别较 2011 年提高 244.12% 和 287.21%。干酪 2012 年进口量为 305.55 吨，比 2011 年增长 150.04%，进口额上升到 128 万美元，增长了 119.97%。从整体上看，进口贸易呈上升趋势。

表 3 - 8 2004 ~ 2013 年内蒙古乳制品进口贸易量值 单位：吨/千美元

年份	干乳制品		奶粉		乳清		干酪	
	数量	进口额	数量	进口额	数量	进口额	数量	进口额
2004	20208.65	34473.82	20158.65	34433.32	50.00	40.50	—	—
2005	5033.43	10155.17	4982.58	10065.89	34.00	72.42	16.86	16.86
2006	53.75	101.09	25.59	53.92	17.53	40.77	10.63	6.41
2007	1542.11	4594.55	916.40	2892.58	616.00	1599.88	9.71	102.09
2008	1062.33	3714.29	420.51	1515.61	560.11	1761.79	81.71	436.89
2009	2320.16	5374.23	1889.68	4255.50	290.95	445.21	139.53	673.52
2010	20010.38	77444.62	19533.75	75773.08	200.20	394.50	209.23	931.96
2011	27941.08	99672.40	27014.08	9694.37	804.80	2146.90	122.20	581.09
2012	33826.84	108467.30	30728.38	9873.24	2769.44	8313.10	305.55	128.00
2013	64692.60	280049.20	60888.31	26705.06	2730.85	874.61	205.96	89.50

资料来源：《中国奶业年鉴》（2005 ~ 2014 年）。

出口最多的产品主要集中在液态奶、干乳制品和奶粉上。2012 年内蒙古地区的液态奶出口数量为 3128.75 吨，出口额达 305 万美元，较 2011 年实现了大幅增长，增长率分别达 864.41% 和 772.42%。干乳制品 2012 年的出口量与出口额分别为 4753.00 吨和 14995.20 千美元，较 2011 年均下降 11.52% 和 20.76%。奶粉 2012 年的出口量与出口额分别为 4753.00 吨与 14995.20 千美元，较 2011 年也均下降 11.52% 和 20.76%。从整体上看，内蒙古地区 2012 年的乳制品出口状况有增有减，不同产品间的差异化较大（见表 3 - 9）。

表 3 - 9 2004 ~ 2013 年内蒙古乳制品出口贸易量值 单位：吨/千美元

年份	液态奶		干乳制品		奶粉	
	数量	出口额	数量	出口额	数量	出口额
2004	7735.53	5330.35	48.52	57.35	—	—
2005	9476.37	6620.88	82.20	151.05	85.20	151.05
2006	13436.92	9273.12	147.39	282.58	147.39	282.58
2007	20543.93	13743.84	6145.45	15873.55	4301.03	12088.72

续表

年份	液态奶		干乳制品		奶粉	
	数量	出口额	数量	出口额	数量	出口额
2008	19030.52	15952.06	5236.11	18443.24	5099.31	17999.62
2009	71.82	154.79	2914.00	8020.70	2914.00	8020.70
2010	1.40	3.08	136.00	452.06	136.00	452.06
2011	324.42	349.90	5372.00	18922.70	5372.00	18922.70
2012	3128.75	3052.60	4753.00	14995.20	4753.00	14995.20

资料来源:《中国海关统计年鉴》(2005~2013 年)。

3.6 内蒙古乳制品业新型化的基础条件

3.6.1 牛奶生产区域布局趋于优化

近年来,内蒙古按照加快现代奶业发展的思路,积极优化奶业生产布局,加快生产结构调整,优质奶源生产基地实力不断加强。2013 年,全区奶牛存栏 313 万头,其中荷斯坦牛存栏 205 万头,占奶牛总存栏的 65.5%。牛奶产量 767.3 万吨。奶业形成了以嫩江、西辽河、黄河三大流域和呼伦贝尔、锡林郭勒等为主的"五大牛奶生产区域"。荷斯坦牛存栏万头以上旗县区 44 个,存栏合计 191.6 万头,占全区荷斯坦牛总存栏的 93%。牛奶产量 10 万吨以上旗县区 26 个,牛奶产量占全区牛奶总产量的 77%。

3.6.2 现代乳制品加工业初步形成

2013 年内蒙古共有乳制品加工企业 64 家,比 2011 年减少 4 家,产业集中度进一步提高。全区销售收入 500 万元以上乳业企业实现销售收入 1059.7 万元,比上年增长 17.3%。全区乳制品产量 300.9 万吨，比上年减少 7.69%，约占全国总产量的 11%。其中液态奶产量 273 万吨、干乳制品产量 27.9 万吨。伊利、蒙牛两大乳业年营业总额分别达到 477.79 亿元、433.6 亿元，实现净利润 32.01 亿元和 16.3 亿元，分列国内乳制品行业前两位。乳制品生产以高温灭菌奶和奶粉为主，具有保质期长、运输保存成本低的特点，价格和品质在消费者中认可度较高。风味酸奶、奶酪、奶皮等地区特色乳制品加工历史悠久，文化底蕴深厚，产品风味独特，营养价值高，蕴含着巨大的市场消费潜力。

3.6.3 优质奶源基地建设稳步推进

2013 年，内蒙古存栏 50 头以上奶牛规模化养殖比率为 66.3%，与 2008 年相比提高 49.5 个百分点。100 头以上荷斯坦牛规模养殖占存栏比重的 52.9%，比 2008 年提高 46 个百分点。全区奶牛存栏 300 头以上规模牧场 857 个，其中存栏 300～499 头的 450 个，占 52.5%；存栏 500～999 头的 231 个，占 26.9%；存栏 1000～3000 头的 150 个，占 17.5%；存栏 3000 头以上的 26 个，占 3%。企业自建牧场奶牛存栏约占全区荷斯坦牛存栏总量的 8.2%。区内荷斯坦牛良种覆盖率达到 100%，荷斯坦泌乳牛平均单产达到 5 吨以上，规模养殖场荷斯坦牛年平均单产达到 7 吨以上。奶牛生产性能测定得到进一步推广应用，DHI 参测牧场奶牛存栏达到 25.3 万头。据行业监测，2013 年内蒙古生鲜乳价格，散户平均价格 2.8 元/千克，牧场平均价 3.5 元～3.8 元/千克；受季节性供需矛盾影响，第四季度呼伦贝尔等地生鲜乳价格最高达到 6 元/千克。

在国家"奶业振兴苜蓿发展行动"带动下，内蒙古奶牛饲养模式逐步由"秸秆＋精料"向"青贮＋优质饲草＋精料"转变，奶牛养殖与苜蓿产业发展相互促进、互利共赢的局面正在形成。据不完全统计，在国家和自治区项目的带动下，2013 年全区吸引近 10 亿元社会资本投资苜蓿生产，新增苜蓿种植面积 269 万亩，其中新增水田面积 40 余万亩，水田面积占比重首次突破 10%。奶牛存栏超万头的 44 个旗县区当年新增苜蓿种植面积 118 万亩，泌乳牛头平均苜蓿面积达到 0.92 亩。目前，全区交售的牛奶乳蛋白率平均在 2.95% 以上，因乳蛋白含量低而拒收现象大大下降。据 DHI 跟踪检测显示，参测牧场乳蛋白率分别达到 3.37% 和 3.64%，分别比 2008 年高 0.25 个和 0.31 个百分点，比国家标准高出 0.57 个和 0.54 个百分点。参测泌乳牛产奶量高于 7 吨的占 69.9%。按目前乳品企业对规模养殖场乳蛋白率提高 1 个百分点增加 0.05 元，乳脂率提高 1 个百分点增加 0.03 元，一头奶牛单产提高 650 千克计算，至少比 2008 年增加收入 1900 元。

3.6.4 乳品质量监管体制逐渐完善

截至 2013 年 12 月，内蒙古共有生鲜乳收购站 1774 个，其中乳制品企业开办的 177 个，占 9.9%；奶牛养殖场开办的 533 个，占 30.2%；奶农合作社开办的 1064 个，占 59.9%。所有生鲜乳收购站全部持证经营，纳入监管范围。全年抽检生鲜乳样品 3000 批次，三聚氰胺检测结果全部合格，没有发现人为向牛奶中添加违禁物质的违法行为。内蒙古借助盟市现有饲料检测机构和旗县农牧业综合执法大队，加强监管体系建设，开展联合执法，较好的解决执法力量薄弱、取证难、执法难、执行难的问题。奶牛主产旗县区全部由农牧业综合执法大队承担生鲜乳收购、运输执法检查任务。行政许可、执法检查、质量检测三位一体的质量监管体系逐步建立健全。在市场监管方面，内蒙古根据奶源分布和加工企业布局，按照方便奶牛饲养者、促进规模化养殖的原则，对生鲜乳收购站和运输车辆进行科学规划，对新建的收购站进行严格审核，严格控制无奶源或者奶源不足的生鲜乳收购站建设，争抢奶源等扰乱市场秩序的行为得到有效遏制。内蒙古农牧业厅印发了《关于加强对乳制品生产企业拒绝生鲜乳管理的通知》，加强对不合格生鲜乳无害化处置、报告、通报、登记等环节的管理，堵塞了监管漏洞，避免了不合格生鲜乳回流等问题的发生。

3.6.5　乳制品业政策法规不断健全

2013 年，内蒙古自治区人民政府印发了《专项推进奶牛标准化规模养殖场的建设实施方案》（以下简称《方案》）。该《方案》明确，坚持"企业主导，政府扶持，社会参与，农民自愿"的基本原则，重点支持荷斯坦牛存栏 1 万头以上的 44 个主产旗县，以中小规模养殖户和散养户向适度规模养殖转变为主攻方向，加快推进中小养殖户的规模化改造。结合国家和自治区奶牛标准化养殖建设项目，加大政策扶持。引导社会资本参与奶牛标准化养殖建设。鼓励乳制品企业和社会资本开展奶源基地建设，引导乳制品加工企业把奶源基地作为企业的"第一车间"，推进自控奶源基地建设。争取通过 3 年的努力，散养奶牛 100% 入小区，企业奶源基地自控生鲜乳达到加工能力的 70%。截止到 2013 年，国家对内蒙古奶牛标准化规模养殖场建设累计投入资金 5.5 亿元，扶持扩建奶牛规模养殖场 801 个，其中 2013 年扩建 231 个，建设资金重点用于改善棚圈、粪污处理、防疫及饲草料基地等配套设施。配合国家奶牛规模养殖扶持政策，2013 年内蒙古本级财政当年安排预算内奶牛标准化规模养殖建设专项资金 6000 万元，集中用于中小规模养殖户和散养户通过新改扩建达到 100 头以上存栏规模，加快推进标准化规模养殖进程。配合奶牛两种补贴政策，内蒙古实施了"百万奶牛高产创建工程"，加大种公牛站、人工授精站点建设，配备必要的液氮运输车、液氮罐、输精及精液质量检测设备，加强配种站点建设。到 2013 年已具备年产奶牛冷冻精液 600 万支的生产能力，除满足自身需求外还能向外省提供冷冻精液 450 万支。

结合地区实际情况，内蒙古自治区发改委、农牧业厅出台了《关于加强生产生鲜乳收购价格管理的指导意见》（以下简称《意见》）。成立了由政府相关部门、奶牛养殖者、乳制品加工企业、行业协会、奶站等相关主体组成的生鲜乳价格协调委员会，制定生鲜乳收购交易参考价，定期发布。生鲜乳交易参考价由社会平均生产成本加合理利润构成，用于指导乳制品生产加工企业与奶牛养殖者之间的生鲜乳交易定价行为。当生鲜乳市场价格发生剧烈波动时，启动政府指导价管理。生鲜乳收购政府指导价由盟市发改委会同农牧业局按法定程序和要求制定发布。该《意见》的实施有利于完善生鲜乳价格形成机制，调动奶牛养殖者生产积极性，维护养殖和乳制品加工企业的合法权益，促进奶业持续健康发展。

3.7 本章小结

本章从原料奶生产、乳制品加工、乳制品消费、乳制品价格变动以及乳制品国际贸易五个方面对内蒙古乳制品业的发展现状及其新型化所具备的基础条件进行了全面分析。研究显示，尽管受行业危机事件以及国家奶业产业政策的影响，近年来内蒙古乳制品业发展的问题凸显，比如原料奶产量下降、乳制品结构单一、乳制品价格波幅大、乳制品进出口数量与结构尚未得到根本改善，但内蒙古牛奶生产区域布局趋于优化、现代乳制品加工业初步形成、优质奶源基地建设稳步推进、乳品质量监管体制逐渐完善、乳制品业政策法规不断健全，成为内蒙古乳制品业新型化的基础条件和比较优势。

4 内蒙古乳制品业新型化水平评价

内蒙古乳制品业的新型化研究需要以内蒙古乳制品加工业为支撑，而内蒙古乳制品加工业需要以经济创造能力、科技创新能力、能源利用能力三个方面的和谐发展作为乳制品加工业的基础。通过对不同年度内蒙古乳制品加工业在经济创造能力、科技创新能力、能源利用能力的比较，分析内蒙古乳制品加工业新型化的程度。总结内蒙古乳制品加工业在经济创造能力、企业成长能力、能源利用能力强时的发展路径与经验，有利于深入认识内蒙古乳制品加工业的发展状况和发展趋势，有助于推动内蒙古乳制品加工业的持续、快速、健康发展。

近年来，内蒙古乳制品加工业的发展取得了很大的成就。目前，学术界关于乳制品加工业发展的研究内容主要集中在三方面：张莉侠（2006）[56]和尹云松（2008）[57]分别用 Malmquist 指数对中国乳制品业全要素生产率进行了分析；李翠霞（2010）[58]和姜冰（2013）[59]分别对黑龙江省和中国乳制品加工业的生产效率进行了实证分析；姜冰（2013）对中国乳制品加工业的集聚程度的变动进行了研究。因为在传统乳制品加工业中存在高能耗、低附加值、能源利用率低和环境污染严重等问题，内蒙古只有大量利用高新技术加快传统乳制品加工业的升级，才能实现后发优势与竞争优势的跃进。所以，本书以高新技术与传统的乳制品加工业的相互依存关系为基础，结合内蒙古乳业的实情，以经济创造能力、企业成长能力、能源利用能力为一级指标，对内蒙古乳制品加工业新型化进行评价。

4.1 分析框架与指标体系构建

国内外乳业发展经验表明：一个国家或地区的乳制品业新型化的实现，有赖于乳制品加工业的大力发展。但是，各地区乳制品加工业在经济效益、科技水平、资源效率等方面的发展参差不齐。客观评价和分析乳制品加工业的现实水平和发展潜力，对乳业主产地区针对本地乳制品加工业发展的实际情况进行科学定位，制定合理的发展计划，保持乳制品加工业的可持续发展，具有重要的现实意义。

按照本书中对内蒙古乳制品业新型化内涵的界定以及基本特征的概括，本章从乳制品业的经济创造能力、企业成长能力、能源利用能力三个维度来构建区域乳制品加工业"新型化"水平的评价指标体系（见图4-1），每一维度又由多元参量组成。

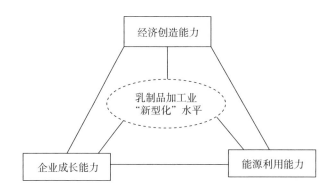

图4-1 乳制品业"新型化"水平锥形结构

4.1.1 经济创造能力指标

乳品企业的经济创造能力是衡量内蒙古乳制品业新型化的重要方面，内蒙古乳制品业若要顺利实现转型升级，乳制品企业的经济效益是基本前提，只有具备一定规模和效率的经济效益才会给内蒙古乳制品业可持续发展提供动力，才能为企业进一步成长、提高能源利用效率提供物质支持。具体地说，经济创造能力包括液体乳及乳品企业销售收入增加值（亿元）、乳品企业利润增加值（亿元）、乳制品产量增加值（万吨）、液态奶产量增加值（万吨）、乳品企业资产增加值（亿元）5 个二级指标。这些指标直接反映了内蒙古乳制品企业的投入产出情况，用以考察内蒙古乳制品企业的总体财务情况，进而判断乳制品企业的市场潜力和综合竞争力，为乳制品业的新型化进程提供依据。

4.1.2 乳企成长能力指标

文中已有所提及，内蒙古乳制品业新型化是乳制品业按照新型工业化的思路与定位，转型升级的动态发展过程，因此，作为乳制品业新型化的关键环节，综合判断乳制品企业的成长能力便成为核心，乳制品企业成长能力强弱直接关系到内蒙古乳制品业能否完成其新型化道路，我们不仅要关注乳品企业目前的效率与获利能力，更应该考察其未来的发展能力，它是乳制品业新型化的重要保障。基于此，本书将企业成长能力指标设计为乳品企业主营业务收入增长率（%）、净资产增长率（%）、总资产增长率（%）和净利润增长率（%）4 个二级指标。

4.1.3 能源利用能力指标

能源利用能力体现了乳制品企业清洁生产、绿色生产、节能环保的能力，是实现乳制品新型化的根本要求，内蒙古乳制品业是否具有可持续性，在很大程度上取决于乳制品生产加工过程能否实现向资源节约和环境友好转变。本书将乳制品业新型化能源利用能力指标体系构建为由单位产量乳制品的平均成本（万元/吨）、平均每人1年生产的乳制品产量（吨/年）和乳品企业的成本利润率（％）3个二级指标构成的体系。

该指标体系是在全面分析内蒙古乳制品业发展现状的基础上，结合目前学术界的最新研究成果以及新型工业化的本质要求所提出的，该指标体系在数量上反映了内蒙古乳品企业的产出规模和经济效益；在时间上体现了内蒙古乳品企业的发展状况和变化趋向；在层次上反映了内蒙古乳品企业的基本功能和发展水平。具体指标体系如图4-2所示。

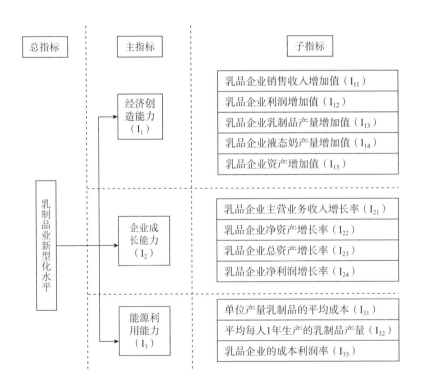

图4-2 乳制品业新型化水平评价指标体系

4.2　数据来源与方法选取

4.2.1　数据说明

为了提高研究结论的准确性和客观性，本书选取了历年《中国奶业年鉴》中公布的相关数据，构建评价指标体系，从经济创造能力、企业成长能力、能源利用能力三方面对 2008～2014 年内蒙古乳制品业"新型化"水平进行单维和综合评价。

4.2.2　主成分分析法

主成分分析（Principal Component Analysis，PCA）是指通过对一组变量的几个线性组合来解释这组变量的方差和协方差结构，来达到数据的压缩和数据的解释目的。主成分分析是一种实用的多元统计方法。这种方法最大的特点是可以消除指标样本间的相互关系；且在保持样本主要信息量的前提下，提取少量有代表性的主要指标。此外，在分析过程中得到主要指标的合理权重，用主成分作为决策分析的综合指标值。因为主成分分析法具有上述特点，所以近年来在多指标综合评价上得到广泛的应用。

在对经济问题进行研究时，常常会遇到一个问题有很多影响变量。这些变量往往多且又有一定的相关性。这就需要从中综合提取一些主要的指标，且这些指标所包含的信息量又很多。综合指标的提取思路是：设有指标 X_1，…，X_p，取综合指标，即它们的线性组合 F，使线性组合 F 包含很多的信息，即 $var(F)$ 最大，这样得到的 F 记为 F_1，然后再找 F_2，F_1 与 F_2 无关，依次类推，最终找到一

组综合变量 F_1，F_2，…，F_m，这组变量基本包含了原来变量的所有信息。

通常，用主成分分析法进行研究的基本步骤为：第一，对样本数据进行标准化变换；第二，进行主成分分析，计算出相关矩阵、特征值、特征向量及累积贡献率；第三，估计检验，利用 SMC、ANTI – IMAGE 相关矩阵和 KMO 指标判断主成分分析模型是否恰当；第四，观察成分载荷，并计算主成分得分；第五，根据累积贡献率准则分析主成分的经济意义，并确定主成分的个数，进行综合评价。关于主成分个数的确定，文中依据经验法，即累积贡献率达到 85% 时，提取主成分。

4.3 内蒙古乳制品业新型化水平三维分析

本书选用主成分分析法对体现内蒙古乳制品业新型化水平的 3 个一级指标 12 个二级指标进行测评。主成分分析法是一种在保证数据信息丢失最少的原则下，将高维变量空间进行降维处理的多元统计方法，即用少数几个综合变量代替原先较多的指标。这些新的综合指标是对原有相关指标信息的综合，并不具体的指代某一个指标。对内蒙古乳制品业"新型化"水平的评价和比较，只要严格按照一定的精度求出主超平面和相应的各个主分量，就可以在简化了的数据表中比较样本的状况。

4.3.1 乳品企业经济创造能力评价

运用统计分析软件 SPSS11.5 对 2007～2013 年内蒙古乳制品业"新型化"水平的经济创造能力指标数据进行主成分分析，首先进行 Bartlett 检验和 KMO 检验，结果显示 KMO 值为 0.606，大于 0.5；Bartlett 的显著性为 0.01，置信度为99%。所以一级指标经济创造能力的二级指标是可以用主成分进行分析的，提取公因子，得到因子分析的初始解，结果如表4-1所示。

表4-1 乳品企业经济创造能力因子分析初始解

指标	Initial	Extraction
乳品企业销售收入增加值	1.000	0.998
乳品企业利润增加值	1.000	0.992
乳品企业乳制品产量增加值	1.000	0.996
乳品企业液态奶产量增加值	1.000	0.995
乳品企业资产增加值	1.000	0.990

资料来源：根据模型运算结果整理。

由于按特征根大于1提取特征根时的共同度都为100%，说明各个原始指标的信息丢失很少，因而本次因子提取的效果十分理想。接着分析因子分析初始解的状况，发现指定提取3个因子（记为F_1，F_2，F_3）就解释了原始指标总方差的91.483%，可见用3个因子就可解释5个原始指标，使分析简化了很多。根据因子载荷矩阵，发现5个原始指标在F_1上载荷较高，乳品企业利润增加值、乳品企业资产增加值指标在F_2上载荷较高，各指标在F_3上的载荷比较均匀，说明与原始指标的相关程度高，比较重要，其余因子对原始指标的解释作用不显著。此外，这一现象也说明这些因子的实际含义都较模糊。为了使因子命名具有解释性，故使用方差最大化正交旋转法旋转因子，得到旋转后的因子载荷矩阵，如表4-2所示。

表4-2 乳品企业经济创造能力各指标与旋转后因子载荷矩阵

指标	F_1	F_2	F_3
乳品企业销售收入增加值	0.739	0.537	0.082
乳品企业利润增加值	-0.119	-0.332	0.766
乳品企业乳制品产量增加值	0.557	-0.367	0.378
乳品企业液态奶产量增加值	-0.354	0.676	0.513
乳品企业资产增加值	-0.073	-0.101	-0.018

资料来源：根据模型运算结果整理。

从表 4 - 2 可知，F_1 因子上载荷较大的指标有乳品企业销售收入增加值和乳品企业乳制品产量增加值两个指标，可见 F_1 因子主要反映了销售能力方面的情况；F_2 因子上载荷较大的指标有乳品企业液态奶产量增加值和乳品企业利润增加值两个指标，可见 F_2 因子主要反映企业生产能力的状况；F_3 因子上载荷较大的指标有乳品企业利润增加值和乳品企业液态奶产量增加值两个指标，可见 F_3 因子主要反映乳品企业的盈利能力状况。

为综合考察内蒙古乳品企业在经济创造能力这一维度上新型化水平的历史演变，把旋转后 3 因子的方差贡献率作为权重，计算得到 2007~2013 年内蒙古乳品企业在经济创造能力方面的综合得分，综合得分值越大说明该年份在乳品企业经济创造能力方面新型化水平就越高，并按照得分高低进行排名，结果如表 4 - 3 所示。

$$F = 0.53347F_1 + 0.30409F_2 + 0.07728F_3$$

表 4 - 3　2007~2013 年内蒙古乳品企业经济创造能力各主成分及综合能力得分

年份	F_1	F_2	F_3	综合	排名
2007	79. 85	37. 26	63. 36	47. 86	1
2008	13. 70	15. 92	− 20. 44	3. 80	5
2009	76. 84	46. 94	49. 77	46. 22	2
2010	− 2. 36	− 39. 44	62. 77	3. 46	6
2011	73. 86	35. 41	− 8. 57	30. 40	3
2012	− 99. 30	− 70. 23	2. 93	− 47. 79	7
2013	31. 29	9. 60	60. 68	25. 14	4

资料来源：根据模型运算结果整理。

根据表 4 - 3 可以得出，从 2007~2013 年，内蒙古乳品企业的经济创造能力呈现不规律变化：首先，内蒙古乳品企业销售能力、生产能力、盈利能力和经济创造能力的变化是成正向关系的。其次，内蒙古乳品企业销售能力、生产能力、盈利能力和经济创造能力呈现出 2007 年和 2009 年最强，2012 年和 2010 年最弱。首先，2007~2009 年内蒙古经济处于繁荣发展时期，消费者可支配收入快速增长，助推乳制品销售。而 2008 年的三聚氰胺事件使内蒙古乳业受到史无前例的重创，发展速度变缓，导致消费者对国产乳制品消费信心不足。在国内，乳制品销售进入萧条、疲软之际，洋乳制品乘虚抢占了国内市场，并掌握了乳制品的定价权。国产乳制品处于被动挨打的尴尬局面，进而影响内蒙古乳品企业的销售。其次，2012 年内蒙古经济处于萧条时期，很多企业由于对房地产的投资而使资金链断裂，致使不少乳品企业没有一定的资金提高乳品企业的生产能力，同时消费者手中的可支配收入减少导致对乳制品的消费减少，进而使销售能力、生产能力、盈利能力和经济创造能力变弱。2010 年是中国乳业不平凡的一年，由于奶牛饲草料价格、燃料动力成本、人工成本等全面上涨，导致原料奶价格持续走高，致使中国成为全球原料奶价格最高的国家之一，过高的原料奶价格，既削弱了中国乳业在国际上的竞争力，也给国内乳品企业造成巨大的成本压力，进而削弱了乳品企业的生产能力和销售能力，从而使盈利能力和经济创造能力变弱。

4.3.2 乳制品企业成长能力评价

内蒙古乳品企业的成长能力是指内蒙古乳品企业的发展速度与发展趋势，包括乳品企业规模的扩大、乳品企业利润的增加和乳品企业所有者权益的增加。内蒙古乳品企业成长能力是随着国内乳制品市场环境的变化、乳品企业资产规模、乳品企业盈利能力、乳品企业市场占有率持续增长的能力，反映了内蒙古乳品企业的发展前景。

评价分析内蒙古乳品企业成长能力的目的是为了说明内蒙古乳品企业的长远扩张能力、内蒙古乳品企业未来的生产经营实力。评价内蒙古乳品企业成长能力的主要指标有：乳品企业主营业务收入增长率、乳品企业净资产增长率、乳品企业总资产增长率、乳品企业净利润增长率。采用上述方法和步骤对内蒙古乳品企业成长能力进行评价。依据因子分析初始解的情况，发现指定提取 3 个因子（记为 F_1，F_2，F_3）就解释了原有指标总方差的 97.042%，从而简化了分析。

从表 4 - 4 可以看出，内蒙古乳品企业成长能力基本上是逐年提高的，只有

2008 年和 2009 年排名相对较低。因为 2008 年受三聚氰胺事件的影响，致使国内乳品企业受到重创，进入低迷状态，一直影响到 2009 年。

$$F = 0.50026F_1 + 0.25703F_2 + 0.21313F_3$$

表 4 – 4 2007~2013 年内蒙古乳品企业成长能力各主成分及综合能力得分

年份	F_1	F_2	F_3	综合	排名
2007	0.1200	0.3066	0.0950	0.1509	1
2008	0.0525	− 1.6943	0.1981	− 0.4199	6
2009	0.7434	− 3.1449	0.3389	− 0.5965	7
2010	0.1477	0.3815	− 0.0213	0.1482	2
2011	0.1520	0.0919	0.1402	0.1108	3
2012	0.1761	− 0.1516	− 0.1267	− 0.0273	5
2013	0.0836	0.1555	0.1280	0.1056	4

资料来源：根据模型运算结果整理。

由图 4 – 3 可知，首先，2007~2013 年内蒙古乳品企业成长能力波动比较大。出现这样的现象，一方面是由于三聚氰胺事件对乳品企业自身的影响，另一方面是由于房地产泡沫引起的资金链断裂而导致乳品企业的生产、销售出现了问题，进一步影响了乳品企业的成长。其次，内蒙古乳品企业的成长能力较弱，且受经济状况和政府政策的影响较大。

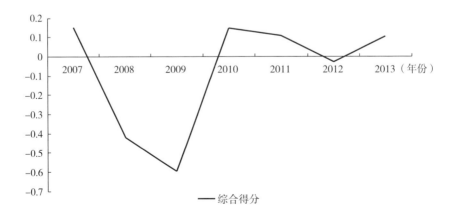

图 4 – 3 2007~2013 年内蒙古乳品企业成长能力综合得分

4.3.3　乳品企业能源利用能力评价

依然采用SPSS11.5应用统计分析软件进行主成分分析，结果发现指定提取2个因子（记为F_1，F_2）就解释了原有指标总方差的97.76%，可见用2个因子足可解释原来的3个原始指标，使相关分析简化了很多。依据因子载荷矩阵发现$I_{31} \sim I_{33}$，这3个原始指标在F上载荷都比较高，按照大小排序为：I_{31}、I_{32}、I_{33}，说明该集合因子不仅仅综合包含了3个原始指标的信息，且对于能源利用效率方面的信息很敏感，符合乳制品业新型化对能源利用效率的基本需求，从而证明该集合因子可以代表内蒙古乳制品业在能源利用方面的状况（见表4－5）。

$$F = 0.69091F_2 + 0.28728F_3$$

表4－5　2007～2013年内蒙古乳品企业能源利用能力各主成分及综合能力得分

年份	F_1	F_2	F_3	综合	排名
2007	－147.96	－28.64	31.47	－109.26	7
2008	－130.36	－25.32	27.64	－96.30	5
2009	－138.91	－26.89	29.49	－102.59	6
2010	－116.85	－22.50	24.74	－86.26	3
2011	－122.83	－23.74	25.99	－90.70	4
2012	－99.34	－19.17	20.94	－73.35	1
2013	－99.39	－19.12	20.91	－73.37	2

资料来源：根据模型运算结果整理。

表4－5的结果显示了2007～2013年内蒙古乳品企业在能源利用能力方面主成分的分值及其综合得分，综合得分值越大说明该年份在乳品企业能源利用能力方面新型化水平就越高。图4－4显示了2007～2013年内蒙古乳品企业在能源利用这一维度上新型化水平的演变趋势。总体而言，内蒙古乳品企业的能源利用能力保持着持续增长的态势，有两年出现下滑，分别是2009年和2011年。这两年

出现下滑是因为这两年较前几年的能源利用效率有所下降，可见乳品企业能源利用效率是能源利用能力的核心价值。内蒙古乳品企业的能源利用能力基本为增长一年，降低一年交替出现，2012～2013年基本为平稳阶段。

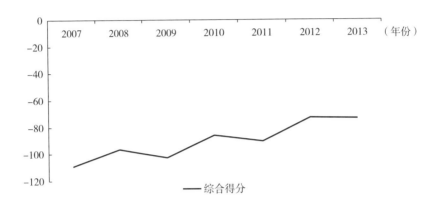

图4-4　2007～2013年内蒙古乳品企业能源利用能力综合得分

总体而言，近年来内蒙古乳品企业的能源利用能力是在逐步提高的，但是要继续加强能源利用效率的提高，否则这种增长的态势很有可能逆转。

4.4　内蒙古乳制品业新型化水平综合评价

根据上述内蒙古乳品企业新型化水平的经济创造能力、企业成长能力和能源利用能力三个维度的12个指标进行综合评价内蒙古乳品企业总体的新型化水平，经过上文的分析处理，数据都满足同向性要求。同样采用SPSS11.5应用统计分析软件进行主成分分析。依据主成分分析初始解的情况，发现指定提取4个因子（记为F_1，F_2，F_3，F_4）就解释了原有指标总方差的90.78%，可见用4个因子就可以解释12个原始指标，极大地简化了分析。为综合考察内蒙古乳品企业总体新型化水平的历史演变，结果如表4-6所示。

$$F = 0.33503F_1 + 0.2445F_2 + 0.21576F_3 + 0.11251F_4$$

表 4 - 6　2007 ~ 2013 年内蒙古乳品企业新型化水平排名

年份	F_1	F_2	F_3	F_4	综合	排名
2007	250.95	132.14	1.84	11.13	118.03	1
2008	144.08	− 8.40	40.45	2.40	55.22	6
2009	229.57	88.41	20.84	5.99	103.70	2
2010	96.59	97.42	38.61	− 21.66	62.07	5
2011	192.85	20.91	36.35	31.02	81.06	3
2012	− 19.59	− 11.61	50.82	− 56.67	− 4.81	7
2013	147.68	112.10	− 6.27	− 6.21	74.83	4

资料来源：根据模型运算结果整理。

表 4 - 6 的结果显示，2007 ~ 2013 年内蒙古乳制品业新型化水平波动较大，新型化水平高低交替出现，2007 年各项指标良好，新型化水平处于考察年份较高水平，2008 年新型化水平综合得分较低，指标有所恶化，之后年份几乎是呈隔年交替出现的变化趋势，特别是 2012 年，各因子得分大部分为负值，指标严重恶化，进一步说明了内蒙古乳制品业发展不稳定；但从 2012 ~ 2013 年的发展趋势来看，内蒙古乳制品业新型化有向好转变的趋势，其新型化水平由 2012 年的最低水平提高到 2013 年的中间位置。

纵向来看，内蒙古乳制品业新型化水平年际间波动较大，高低水平交替出现，其原因主要有：首先，作为食品工业中的重要组成部分，乳制品质量安全问题直接关系到消费者的生命与健康，近年来接连发生的乳制品质量安全事件，严重挫伤了百姓的消费信心，洋品牌受到追捧，国内乳制品的市场份额严重缩水，进一步影响了乳制品企业的经济指标以及新型化水平。其次，乳制品业发展受国家及自治区奶业发展政策导向的影响较大，每次危机过后，有关部门都要出台相应的政策加以规范，且其效果比较显著。

4.5 主产省区乳制品业新型化水平比较分析

4.5.1 主产省区经济创造能力评价

应用统计分析软件 SPSS11.5 对 2009~2013 年中国乳制品业主产省区 "新型化" 水平的经济创造能力指标数据进行主成分分析，首先进行 Bartlett 检验和 KMO 检验，检验结果显示 KMO 值为 0.628，大于 0.5；Bartlett 的显著性水平为 0.05，置信度为 95%。所以一级指标经济创造能力下的二级指标是可以用主成分进行分析的，提取公因子，并得到因子分析的初始解，如表 4-7 所示。

表 4-7　主产省区经济创造能力因子分析初始解

指标	Initial	Extraction
乳品企业销售收入增加值	1.000	0.996
乳品企业利润增加值	1.000	0.995
乳品企业乳制品产量增加值	1.000	0.993
乳品企业液态奶产量增加值	1.000	0.996
乳品企业资产增加值	1.000	0.992

资料来源：根据模型运算结果整理。

按照累计百分比达到 80%~85% 以上，可以发现 λ 值对应的主成分为前三个（记为 F_1，F_2，F_3），累计百分比达到 89.82%，此外，对 λ 值提取特征根时的共同度都为 100%，说明各个原始指标的信息丢失很少，因而本次因子提取的效果十分理想。即用 3 个因子就可解释 5 个原始指标，使分析简化了很多。根据因子载荷矩阵，发现 5 个原始指标在 F_1 上载荷较高，乳品企业销售收入增加值、乳品企业资产总额增加值、乳品企业利润增加值指标在 F_2 上载荷较高，乳品企业利润额增加值和乳品企业液态奶产量增加值指标在 F_3 上的载荷较高，说明与原始指标的相关程度高，比较重要，其余因子对原始指标的解释作用不显著。此外，这一现象也说明这些因子的实际含义都较模糊。为了使因子命名具有解释性，运用方差最大化正交旋转法旋转因子，得到旋转后的因子载荷矩阵，如表 4 - 8 所示。

$$F = 0.4158F_1 + 0.3259F_2 + 0.1565F_3$$

表 4 - 8   主产省区经济创造能力各指标与旋转后因子载荷矩阵

指标	F_1	F_2	F_3
乳品企业销售收入增加值	0.104	0.450	- 0.767
乳品企业利润增加值	- 0.209	0.399	0.661
乳品企业乳制品产量增加值	0.445	0.187	0.027
乳品企业液态奶产量增加值	0.415	0.143	0.501
乳品企业资产增加值	- 0.239	0.444	0.010

资料来源：根据模型运算结果整理。

从表 4 - 8 可知，F_1 因子上载荷较大的指标有乳品企业乳制品产量增加值和乳品企业液态奶产量增加值两个指标，可见 F_1 因子主要反映了生产能力方面的情况；F_2 因子上载荷较大的指标有乳品企业销售收入增加值、乳品企业资产增加值和乳品企业利润增加值三个指标，可见 F_2 因子主要反映企业销售能力的状况；F_3 因子上载荷较大的指标有乳品企业利润增加值和乳品企业液态奶产量增加值两个指标，因此 F_3 因子主要反映乳品企业液态奶的盈利能力状况。

为综合考察内蒙古乳品企业在经济创造能力这一维度上新型化程度的历史演变，把旋转后 3 因子的方差贡献率作为权重，计算得到 2009～2013 年内蒙古乳品企业在经济创造能力方面的综合得分，综合得分值越大说明该年份在乳品企业经济创造能力方面新型化程度就越高，并按照得分高低进行排名，结果如表 4 - 9 所示。

表 4 - 9　2009 ~ 2013 年主产省区经济创造能力主成分及综合得分均值

省份	F_1	F_2	F_3	综合	排名
河北	10.31	21.12	-9.98	9.61	3
山西	1.47	1.82	-1.03	1.04	5
内蒙古	-25.67	36.72	-10.44	-0.34	6
黑龙江	4.49	23.01	-12.68	7.38	4
山东	17.52	32.07	-10.61	16.07	1
河南	20.11	18.82	1.68	14.76	2

资料来源：根据模型运算结果整理。

根据表 4 - 9 可以得出，2009 ~ 2013 年从整体上看，中国乳品企业主要省份的经济创造能力呈现不规律变化：首先，乳品企业销售能力、生产能力、盈利能力和经济创造能力的变化是成正向关系的。也就是说，乳品企业销售能力、生产能力和盈利能力高的省份其经济创造能力就高。其次，生产能力由高到低依次为河南、山东、河北、黑龙江、山西和内蒙古；销售能力由高到低依次为内蒙古、山东、黑龙江、河北、河南和山西；盈利能力由高到低依次为河南、山西、河北、内蒙古、山东和黑龙江；经济创造能力综合竞争力依次为山东、河南、河北、黑龙江、山西和内蒙古。

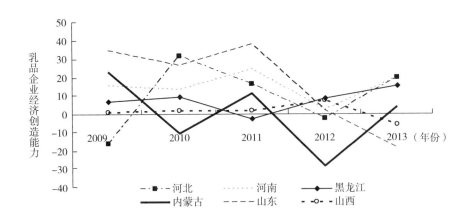

图 4 - 5　2009 ~ 2013 年主产省区经济创造能力变化趋势

图4-5显示，2009年我国奶业主产省区经济创造能力强弱顺序依次为山东、内蒙古、河南、黑龙江、山西和河北，到2013年排序发生了变化，依次为河南、河北、黑龙江、内蒙古、山西和山东，在六个奶业省份中，内蒙古的排名下降了两位。从波动幅度看，2009～2013年内蒙古乳制品企业经济创造能力波幅较大，其原因主要是与其他省份相比，内蒙古乳制品企业集中较高，两大乳业巨头市场占有率较高，其财务指标的变化对内蒙古乳制品业整体水平影响较大；同期，黑龙江、山西二省乳品企业的经济创造能力较为稳定，山东省呈显著的下滑趋势，只有2011年出现了小幅增长。

4.5.2　主产省区企业成长能力评价

中国奶业主产省区乳品企业的成长能力是指乳品企业的发展速度与发展趋势，包括乳品企业规模的扩大、乳品企业利润的增加和乳品企业所有者权益的增加。中国奶业主产省区乳品企业的成长能力是随着国内乳制品市场环境的变化、乳品企业资产规模、乳品企业盈利能力、乳品企业市场占有率持续增长的能力，反映了乳业主产省区乳品企业的发展前景。评价奶业主产省区乳品企业成长能力的目的是为了说明奶业主产省区乳品企业的长远扩张能力、奶业主产省区乳品企业未来的生产经营实力。评价奶业主产省区乳品企业成长能力的主要指标有：乳品企业主营业务收入增长率、乳品企业净资产增长率、乳品企业总资产增长率、乳品企业净利润增长率。采用上述方法和步骤对奶业主产省区乳品企业成长能力进行评价。依据因子分析初始解的情况，发现指定提取3个因子（记为F_1，F_2，F_3）就解释了原有指标总方差的90.83%，从而简化了分析。根据载荷因子的比重得出，F_1代表企业规模扩大的能力；F_2代表乳品企业利润增加的能力；F_3代表企业所有者权益的增加能力（见表4-10）。

$$F = 0.4008F_1 + 0.2951F_2 + 0.2125F_3$$

从表4-10可以看出，乳品企业规模扩大的能力由强到弱依次为河北、内蒙古、河南、山东、黑龙江和山西；乳品企业利润增加能力由强到弱依次为山东、河南、山西、黑龙江、内蒙古和河北；乳品企业所有者权益增加能力由强到弱依次为山东、山西、黑龙江、河南、内蒙古和河北；乳品企业成长能力由强到弱依次为山东、河南、黑龙江、内蒙古、山西和河北。

表4-10　2009~2013年主产省区乳品企业成长能力各主成分及综合能力得分

省份	F_1	F_2	F_3	综合	排名
河北	0.5729	-1.3267	-1.8787	-0.5611	6
河南	0.3528	0.2858	0.1417	0.2558	2
黑龙江	0.2031	0.1629	0.1811	0.1679	3
内蒙古	0.4515	-0.1312	-0.0043	0.1413	4
山东	0.2970	0.3256	0.3354	0.2863	1
山西	0.0131	0.2310	0.1814	0.1120	5

资料来源：根据模型运算结果整理。

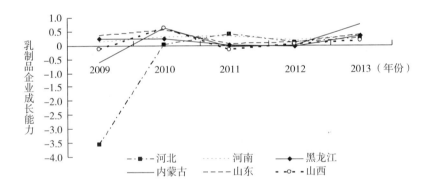

图4-6　2009~2013年主产省区乳品企业成长能力趋势

由图4-6可知，2009年我国奶业主产省区乳制品企业成长能力强弱顺序依次为山东、黑龙江、河南、山西、内蒙古和河北，到2013年排序发生了变化，依次为内蒙古、山东、黑龙江、河南、河北和山西，在六个奶业省份中，内蒙古的排名显著上升，由2009年的第五位上升到2013年的第一位。从波动幅度看，2009~2010年河北省乳制品企业成长能力显著提升，其原因主要是2008年的

"三聚氰胺"事件给河北省乳制品业造成了重大创伤，而当年三鹿集团的市场份额在河北占有绝对比例，三鹿的倒下严重影响了河北省乳制品企业的成长能力，2009 年三元集团成功收购三鹿，经过一年的发展，乳制品企业的成长能力大幅提升；同期，其他五个奶业省份乳品企业成长能力较为稳定，年际间波动幅度不大。

4.5.3 主产省区能源利用能力评价

依然采用 SPSS11.5 应用统计分析软件进行主成分分析，结果发现指定提取 2 个因子（记为 F_1，F_2）就解释了原有指标总方差的 84.33%，可见用 2 个因子足可解释原来的 3 个原始指标。依据因子载荷矩阵发现，F_1 表示乳品企业生产要素中资源利用的能力；F_2 表示乳品企业生产效率。I_{31} 和 I_{32} 两个指标综合包含了 3 个原始指标中 84.33% 的信息，因而对于能源利用效率方面的信息较敏感，符合乳制品业新型化对能源利用效率的基本需求，从而证明该集合因子可以代表中国乳品企业主要省份在能源利用方面的状况。

表 4-11 2009~2013 年主产省区能源利用能力主成分及综合能力得分均值

省份	F_1	F_2	综合	排名
河北	74.96	40.62	52.36	2
河南	104.21	56.41	72.77	1
黑龙江	33.32	18.24	23.33	6
内蒙古	63.55	34.49	44.41	4
山东	67.85	36.80	47.40	3
山西	61.13	33.14	42.70	5

资料来源：根据模型运算结果整理。

表 4-11 列示了 2009~2013 年中国乳品企业主要省份在能源利用能力方面主成分的分值及其综合得分，综合得分值越大说明该省份在乳品企业能源利用能力方面新型化程度就越高。其中，乳品企业资源利用能力由强到弱依次为河南、

河北、山东、内蒙古、山西和黑龙江；乳品企业生产效率的高低与乳品企业资源利用能力的强弱顺序一致；乳品企业能源利用能力由高到低依次为河南、河北、山东、内蒙古、山西和黑龙江。

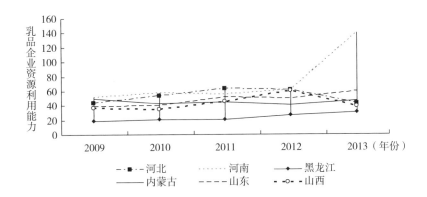

图4－7 2009～2013年主产省区能源利用能力趋势

图4－7显示了2009～2013年奶业主产省份在能源利用这一维度上新型化程度的演变趋势。2009年我国奶业主产省区乳制品业能源利用能力强弱顺序依次为河南、内蒙古、河北、山东、山西和黑龙江，到2013年排序发生了变化，其能源利用能力排序依次为河南、山东、内蒙古、河北、山西和黑龙江，内蒙古乳制品业的能源利用能力下降了一位，其他几个省份排序亦无太大的变化。从波动幅度看，2012～2013年河南省乳制品业能源利用能力大幅提升，这与当地政府出台的一些环境保护政策有极大关系，除河南省外，其他五个奶业省份能源利用能力年际间变化幅度不大，发展较为稳定，但从总体趋势看，其能源利用能力均有所提升。

4.5.4 主产省区乳制品业新型化水平综合评价

上文已对我国奶业主产省份乳制品业新型化水平从经济创造能力、企业成长能力和能源利用能力三个维度进行了单维评价，但各个省区总体新型化水平如何，依然未知。经过上文的分析处理，数据都满足同向性要求。同样采用 SPSS11.5 应用统计分析软件进行主成分分析，对奶业主产省区乳制品业新型化水平进行综合评价。依据主成分分析初始解的情况，发现指定提取 6 个因子（记为 F_1，F_2，F_3，F_4，F_5，F_6）就解释了原有指标总方差的 85.77%，可见用 6 个因子就可以解释 12 个原始指标。为综合考察中国乳品企业主要省份总体新型化程度的历史演变，结果如表 4 - 12 所示。

$$F = 0.256F_1 + 0.21638F_2 + 0.1379F_3 + 0.0925F_4 + 0.08445F_5 + 0.07059F_6$$

表 4 - 12　2009 ~ 2013 年主产省区乳制品业新型化水平均值排名

省份	F_1	F_2	F_3	F_4	F_5	F_6	综合	排名
河北	1.38	34.15	55.74	27.90	1.95	-46.31	14.90	4
河南	-4.24	47.07	78.70	48.95	8.53	-60.38	20.94	1
黑龙江	5.71	20.49	22.62	7.50	3.41	-20.95	8.52	6
内蒙古	23.69	16.10	50.43	25.65	-0.18	-44.36	15.72	3
山东	2.69	40.36	46.61	22.58	10.39	-37.11	16.20	2
山西	-1.74	18.74	48.93	31.31	-4.04	-42.17	9.93	5

资料来源：根据模型运算结果整理。

图 4 - 8 反映了 2009 ~ 2013 年我国六大奶业主产省份乳制品业新型化水平的比较。从时间序列上看，2009 ~ 2012 年内蒙古乳制品业新型化水平逐年降低，2012 ~ 2013 年新型化水平大幅回升，主要归咎于近年来内蒙古出台了一系列的乳制品产业发展政策，且效果比较明显；考察年份，山东省和黑龙江省乳制品业新型化水平变化趋势基本一致，年际间变化幅度不大，比较稳定，2011 ~ 2012 年有小幅降低，之后又有所提升；河北省在 2009 ~ 2010 年有较大提升，之后趋于平缓；山西省在 2009 ~ 2013 年表现为先缓慢提高后急速降低的变化趋势；2009 ~ 2012 年河南省乳制品业新型化水平表现为稳中有降的趋势，但2012 年后，其新型化水平急剧上升，主要得益于河南省乳制品业能源利用能力的大幅提升。

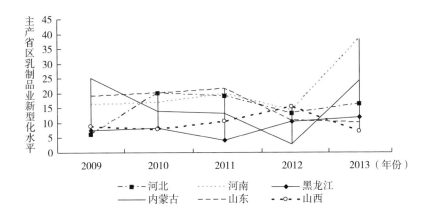

图 4 - 8   2009 ~ 2013 年主产省区乳制品业新型化水平

4.6   本章小结

在充分了解内蒙古乳制品业发展现状的基础上，结合乳制品业新型化的目标，本章首先构建了由 3 个一级指标、12 个二级指标构成的内蒙古乳制品新型化水平评价指标体系，其中一级指标由乳制品企业的经济创造能力、成长能力和能源利用能力组成，这三方面涵盖了乳制品企业的生产效率、经营绩效、发展潜力、节能环保以及市场竞争力，是内蒙古乳制品业新型化的关键变量。其次，基于 2007 ~ 2013 年乳制品业新型化二级指标的基础数据，运用主成分分析方法，利用 SPSS11.5 统计分析软件对内蒙古乳制品业的新型化水平进行了单维和综合评价。为了进一步考察内蒙古乳制品业新型化水平在省域中的情况，文中利用 2009 ~ 2013 年时间序列数据，使用相同的指标体系，对我国六个乳业主产省份（含内蒙古）的新型化水平进行了横向对比。

5 内蒙古乳制品业新型化
影响因素分析

乳品业新型化水平是一个多因素综合影响的过程，乳品企业的新型化是乳制品业新型化的核心和关键，因此，根据上文的论述，本章以 2004～2013 年内蒙古和全国乳品企业的数据为例，采用因子分析法对内蒙古乳制品业新型化的影响因素进行实证分析。

5.1 变量选取和模型设立

据上文对乳品企业新型化的定性与定量分析，本章选取乳品企业个数、乳品企业销售收入、乳品企业利润额等作为解释变量，从外部因素和内部因素两个方面构建指标体系，如表 5-1 所示。

表 5-1 乳品企业新型化水平影响因素指标体系

影响因素		序号	解释变量
外部因素	产业环境	X_1	牧业产值占农林牧渔业总产值的比重（%）
	外部环境	X_2	城镇居民人均乳品消费支出占食品消费支出之比（%）
		X_3	公路线路里程数（公里）
	产业集聚	X_4	乳品企业个数（个）

续表

影响因素	序号	解释变量
	X_5	乳品企业资产总额与乳品企业从业人员的比值（%）
资本—劳动比率		
企业的规模	X_6	乳品企业销售收入（亿元）
	X_7	乳品企业利润总额（亿元）
	X_8	乳品企业乳制品的产量（万吨）
企业的广告密度	X_9	乳品企业的销售成本与乳品企业销售收入的比值（%）

5.1.1 外部影响因素

乳品企业所处的外部因素包括产业环境、外部环境和产业集聚三方面，其具体含义简述如下：

（1）产业环境。通常一个行业在地区内与其他行业面临着相同的社会、经济与法律环境，影响行业技术效率的因素主要来自于关联产业的影响。一个行业不是在地区内孤立存在的，产业链上、下游关联产业的同步发展能够为其提供便利的原料来源或者销售市场，从而促进该行业在地区内的发展壮大。本文用畜牧业总产值占农林牧渔总产值的比重表示乳制品业的产业环境状况。因为畜牧业是乳制品业重要的原料部门，一个地区畜牧业的发展水平对乳制品业技术效率有一定影响。但由于原料奶只占畜产品的很小比例，因此畜牧业的发展水平对乳制品业的影响方向及程度具有不确定性。

（2）外部环境。现代乳业发展所必须的条件是生产、加工、销售协调发展，各个环节要求具有一定基本的条件和标准，本书用公路线路里程数表示乳制品业发展的外部环境，公路线路里程数越大，乳制品业的流通率就越高，外部环境中另一个影响因素是乳制品的消费支出，行业的发展离不开产品消费市场的培育，本书用城镇居民家庭人均乳制品的消费支出占食品消费支出的比重表示，用来测度乳制品的消费对新型化的影响。

（3）产业集聚。马歇尔（1890）指出，产业集聚的形成很大程度上得益于集聚产生的"外部经济效应",即创造出熟练劳动力市场、专业化服务性中间行业和技术外溢,并且改进铁路交通和其他基础设施。上述指标值越大,表明在该地区的相对集聚程度越高,由此带来的技术外溢、报酬递增等"外部经济效应"越大,相应的技术效率水平就越高,但是由于乳制品业的特殊性,受资源和市场需求的影响,乳制品企业的分布受到很大的限制,因此针对乳制品企业来说,乳制品业的集聚水平对乳制品业的影响具有不确定性,需要实证检验后才能得出结论。检验乳制品业集聚水平时用乳制品业的企业单位数衡量。

5.1.2 内部影响因素

内部因素主要指企业自身的因素。一个行业技术效率的高低反映了该行业技术装备水平、产品的更新换代及创新能力,具体的指标选择如下:

(1)资本—劳动比率(K/L)。反映乳制品业的劳动装备水平,劳动装备水平越高,技术效率就越大。用乳品企业资产总额与乳品企业从业人员数量的比值表示。

(2)企业的规模。采用乳品企业的销售收入、乳品企业的利润总额与乳品企业乳制品的产量表示。一般而言,大企业的技术和资金实力雄厚,人员素质、管理水平较高,而中小企业从事技术创新能力弱,只能使用大企业使用过的技术。中小企业的人员素质乃至管理能力一般也都不如大企业。另外,在融资方面,大企业往往也具有相对优势,但是,中小企业具有反应敏捷,善于捕捉市场机会等优点,而且在现阶段,中小企业很可能比大企业更多地利用了劳动力便宜的比较优势。因此,选取上述指标反映乳品企业的规模。

(3)企业的广告密度。乳品企业的广告密度大,其销售成本就大。乳品企业的广告密度用乳品企业的销售成本与销售收入的比值表示,乳品企业的广告密度越大,越有助于乳品企业的新型化。

5.2 因子回归分析法

本书所采用的因子回归分析法是指，首先用因子分析法提取内蒙古乳品企业新型化主要影响因素，在此基础上得出乳品企业新型化水平影响因素的回归方程。

5.2.1 因子分析

因子分析是一种将多变量简化为少数变量的一种技术，是主成分分析的推广。当出现观测变量很多，且各观测变量之间具有较强的相关关系时，抑或某些变量出现多重共线性时，通常可以运用因子分析法，以较少的变量代替较多的变量。将多个指标相关矩阵的内部依赖性研究以后，把相关性较强的变量归为同一个因子，然后运用公因子的线性组合来表示各个变量，并以此反映原始变量和各因子之间的相关关系。通常，运用因子分析法可以反映信息的本质特征。因子分析的模型一般为：

$$\begin{cases} X_1 = a_{11}f_1 + a_{12}f_2 + \cdots + a_{1m}f_m + \varepsilon_1 \\ X_2 = a_{21}f_1 + a_{22}f_2 + \cdots + a_{2m}f_m + \varepsilon_2 \\ \qquad\qquad\qquad \cdots \\ X_p = a_{p1}f_1 + a_{p2}f_2 + \cdots + a_{pm}f_m + \varepsilon_p \end{cases}$$

式中的 f_1，f_2，$\cdots$，f_m（$m \leqslant p$）称为公因子；a_{ij} 为因子载荷，反映的是 x_i 和 f_j 之间的相关程度的大小；ε_i 为特殊因子，表示不能被前 m 个公因子包含的部分，代表公因子外的其他影响因素，在分析实际问题时可以忽略不计。模型可以写成矩阵形式：

$$X = AF + \varepsilon$$

5.2.2　回归分析

回归分析是剖析两个或两个以上变量之间的依存关系的方法，用以研究客观事物变量之间的关系。回归分析是以对客观事物进行大量试验和观察为基础，运用数学模型寻找不确定现象中所存在的统计规律的方法。回归模型形式多样，包括一元回归模型和多元回归模型、线性回归模型和非线性回归模型。其中，最常用的是线性回归模型，其一般形式为：

$$Y_i = \beta_0 + \beta_1 x_{1t} + \beta_2 x_{2t} + \cdots + \beta_k x_{kt} + \mu_i \quad (i = 1, 2, \cdots, n)$$

依据研究需要和回归分析理论，本研究对自变量和因变量建立如下回归模型：

$$Y = \beta_0 + \beta_1 x_1 + \beta_2 x_2 + \beta_3 x_3 + \beta_4 x_4 + \beta_5 x_5 + \beta_6 x_6 + \beta_7 x_7 + \beta_8 x_{8} + \beta_9 x_9 + \varepsilon$$

5.3　内蒙古乳制品业新型化实证分析

5.3.1　内蒙古乳品企业新型化影响因素的因子分析

本书根据上文所选取的变量，运用 2004～2013 年内蒙古和全国乳品企业的相关数据进行分析。数据源于 2005～2014 年《中国奶业年鉴》和《内蒙古统计年鉴》。由于书中所选取的变量采用的标准不同，所有在因子分析前对数据首先进行标准化处理，再依据标准化结果对数据进行分析。本书运用 SPSS11.5 对数据进行因子分析。

5.3.1.1　变量相关性检验

采用 KMO 和 Bartlett 检验对数据进行相关性检验，检验结果如表 5-2 所示。

表 5 – 2   KMO 和 Bartlett 检验

取样足够度的 Kaiser – Meyer – Olkin 度量		0. 525
Bartlett 的球形度检验	近似卡方	78. 721
	df	36
	Sig.	0. 000

资料来源：根据模型运算结果整理。

通常情况下，KMO 值 > 0.5 时，数据适合做因子分析；KMO 越接近 1，对数据进行因子分析的效果越好。巴特莱特球体检验是对各相关矩阵是否是单位矩阵的检验。依据检验结果，KMO 值为 0.525，表示该数据集合因子分析。

5.3.1.2   主要因子提取

通常，因子提取的条件是特征值大于 1 或累计贡献率大于 85%。基于这两个条件，依据 SPSS11.5 软件分析结果（见表 5 – 3），对各个变量可以提取三个主要因子。Total 是各个成分的特征值，从表 5 – 3 中可以得出，只有前三个因子的特征值大于 1，而且这三个成分所解释的方差和占总方差的百分比大于 85%，即因子的特征值占特征值总和的百分比大于 85%。前 3 个因子的累计百分比为 89.86%，说明这三个因子可以很好地解释所选取的 9 个原始变量。

表 5 – 3   总方差分解

成分	初始特征值			提取平方和载入			旋转平方和载入		
	合计	方差的%	累积%	合计	方差的%	累积%	合计	方差的%	累积%
1	5. 599	62. 211	62. 211	5. 599	62. 211	62. 211	3. 815	42. 394	42. 394
2	1. 473	16. 362	78. 573	1. 473	16. 362	78. 573	1. 278	14. 203	56. 597
3	1. 016	11. 291	89. 864	1. 016	11. 291	89. 864	1. 217	13. 519	70. 116
4	0. 438	4. 867	94. 731	0. 438	4. 867	94. 731	1. 114	12. 378	82. 494
5	0. 271	3. 016	97. 746	0. 271	3. 016	97. 746	0. 863	9. 583	92. 077
6	0. 146	1. 619	99. 365	0. 146	1. 619	99. 365	0. 649	7. 213	99. 290
7	0. 037	0. 408	99. 774	0. 037	0. 408	99. 774	0. 040	0. 443	99. 733

续表

成分	初始特征值			提取平方和载入			旋转平方和载入		
	合计	方差的%	累积%	合计	方差的%	累积%	合计	方差的%	累积%
8	0.018	0.198	99.972	0.018	0.198	99.972	0.021	0.231	99.965
9	0.003	0.028	100.000	0.003	0.028	100.000	0.003	0.035	100.000

资料来源：根据模型运算结果整理；提取方法：主成分分析。

图 5-1 显示了各个因子的特征值。这个碎石图直观地显示出表 5-1 的结果。由图 5-1 可以得出，因子 1 与因子 2、因子 2 与因子 3、因子 3 与因子 4 的特征值差值大，而因子 4 至因子 9 的特征值差值小，表现在图中为因子 1 到因子 4 之间的连线较陡，而因子 4 到因子 9 的连线则趋于平缓。所以，提取因子 1、因子 2 和因子 3 作为公因子。

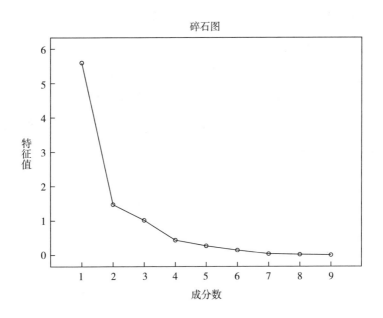

图 5-1 因子碎石

5.3.1.3 因子命名

表 5-4 为旋转前和旋转后的因子载荷矩阵。旋转后的因子载荷矩阵表示每

一个变量由因子线性表示的系数矩阵，用矩阵 Af = X 表示。其中 X 表示解释变量，A 表示因子载荷矩阵，f 表示因子变量。所以，表 5 - 4 中第一行可以表示为 $X_5 = 0.93f_1 + 0.019f_2 + 0.073f_3$。从表中右边部分的旋转后的因子载荷矩阵可发现，第一个主因子在绝大多数成分中都有较大的载荷值，只有对乳品企业的销售成本与乳品企业销售收入的比值（x_2）、城镇居民人均乳品消费支出占城镇居民人均食品消费支出的比值 x_9 的载荷值较小。第一主因子的主要解释变量有乳品企业资产总额与乳品企业从业人员的比值（X_5）、乳品企业销售收入（X_6）、公路线路里程数（X_3）、乳品企业的个数（X_4）、乳品企业利润总额（X_7）、牧业产值占农林牧渔业总产值的比重（X_1）、乳品企业乳制品的产量（X_8）。这些解释变量涵盖了资本—劳动比率、企业规模、外部环境、产业集聚和产业环境等方面的原因，因此将其命名为综合因子。在第二个主因子中，相关系数较大的是乳品企业乳制品的产量（X_8），反映的是企业规模的状况，因此将其命名为企业规模因子。在第三个主因子中，相关系数较大的是乳品企业的销售成本与乳品企业销售收入的比值（X_9），反映的是企业广告密度的状况，因此将其命名为企业广告密度因子。而企业规模和广告密度都属于内部因素，所以第二个主因子和第三个主因子反映的都是企业的内部因素的状况。由此可见，乳品企业新型化的水平主要由企业的内部因素决定。

表 5 - 4 旋转前和旋转后的因子载荷矩阵

	旋转前因子载荷矩阵				旋转后因子载荷矩阵		
	因子				因子		
	f_1	f_2	f_3		f_1	f_2	f_3
x_6	0.978	− 0.006	− 0.098	x_5	0.930	0.019	0.073
x_3	0.96	− 0.101	0.048	x_6	0.873	0.215	− 0.043
x_5	0.896	0.191	− 0.323	x_3	0.837	0.362	− 0.085
x_4	0.856	− 0.267	− 0.033	x_4	0.562	0.283	− 0.255
x_1	0.712	0.029	0.528	x_7	0.463	0.066	0.371
x_8	0.630	− 0.042	0.660	x_1	0.349	0.318	0.056
x_7	0.610	0.662	− 0.269	x_8	0.231	0.926	0.028

续表

| | 旋转前因子载荷矩阵 | | | | 旋转后因子载荷矩阵 | | |
| | 因子 | | | | 因子 | | |
	f_1	f_2	f_3		f_1	f_2	f_3
x_9	− 0. 108	0. 945	0. 224	x_9	− 0. 111	0. 017	0. 970
x_2	− 0. 946	0. 143	0. 250	x_2	− 0. 877	− 0. 242	0. 233

资料来源：根据模型运算结果整理。

5.3.1.4 因子得分

表 5 − 5 是因子得分矩阵。因子得分矩阵反映的是每个因子由所有变量线性表示的系数矩阵，用矩阵 XB = f 表示。其中 f 表示因子变量；X 表示解释变量；B 表示因子得分矩阵。依据表中结果，旋转后的因子表示为：

$$f_1 = -0.307X_1 - 0.416X_2 + 0.290X_3 - 0.214X_4 + 0.554X_5 + 0.398X_6 - 0.406X_7 - 0.130X_8 + 0.222X_9$$

$$f_2 = -0.309X_1 + 0.046X_2 - 0.024X_3 - 0.164X_4 - 0.010X_5 - 0.048X_6 + 0.020X_7 + 1.269X_8 - 0.084X_9$$

$$f_3 = -0.146X_1 - 0.101X_2 + 0.064X_3 + 0.226X_4 + 0.071X_5 + 0.079X_6 - 0.413X_7 - 0.085X_8 + 1.287X_9$$

表 5 − 5 因子得分系数矩阵

| | 成分 | | |
	f_1	f_2	f_3
X_1	− 0. 307	− 0. 309	− 0. 146
X_2	− 0. 416	0. 046	− 0. 101
X_3	0. 290	− 0. 024	0. 064
X_4	− 0. 214	− 0. 164	0. 226
X_5	0. 554	− 0. 010	0. 071
X_6	0. 398	− 0. 048	0. 079
X_7	− 0. 406	0. 020	− 0. 413

续表

	成分		
	f_1	f_2	f_3
X_8	- 0. 130	1. 269	- 0. 085
X_9	0. 222	- 0. 084	1. 287

资料来源：根据模型运算结果整理。

上述因子表达式的各个变量均是经过均值为 0，标准差为 1 标准后的变量。

5.3.2 基于因子分析的回归分析

通过上述因子分析，对选取的变量提取三个主要因子，将其看做自变量，以乳品企业新型化水平为因变量，建立二元回归方程：

$$Y = \alpha + \beta_1 f_1 + \beta_2 f_2 + \beta_3 f_3$$

之后利用 SPSS11. 5 软件对数据进行处理。

5.3.2.1 模型检验

表 5 - 6 为模型概述表，由检验结果看，可以知道 R^2 为 0. 903，调整后的 R^2 为 0. 876，模型拟合优度，不存在自相关问题。

表 5 - 6 模型概述

模型	R	R 方	调整 R 方	标准估计的误差	更改统计量				
					R 方更改	F 更改	df1	df2	Sig. F 更改
1	0. 951	0. 903	0. 876	26. 26851	0. 903	32. 762	2	7	0. 000

资料来源：根据模型运算结果整理。

5.3.2.2 模型回归结果

由表 5 - 7 的模型估计结果，可以得出乳品企业新型化水平影响因素的回归方程：

表 5 –7 模型参数

模型		非标准化系数		标准系数	t	Sig.	B 的 95.0% 置信区间		相关性			共线性统计量	
		B	标准误差	试用版			下限	上限	零阶	偏	部分	容差	VIF
1	（常量）	282.010	8.307		33.949	0.000	262.367	301.653					
	（x_2）	–45.966	54.071	–0.616	–0.850	0.423	–173.824	81.892	–0.949	–0.306	–0.100	0.026	38.133
	（x_3）	25.127	54.071	0.337	0.465	0.656	–102.731	152.985	0.945	0.173	0.055	0.026	38.133

资料来源：根据模型运算结果整理。

$$Y = 282.010 - 45.966f_2 + 25.127f_3$$

由回归方程可以知道，第二主因子对乳品企业新型化有负向效应，第三主因子对乳品企业新型化有正向效应，其中第二主因子的负向效应大于第三主因子的正向效应。将通过因子得分写出的 f_1、f_2、f_3 的表达式代入模型估计结果方程，得到：

$$Y = 282.010 + 10.535X_1 - 4.652X_2 + 2.711X_3 + 13.217X_4 + 2.244X_5 +$$
$$4.191X_6 - 11.297X_7 - 60.467X_8 + 36.200X_9$$

从回归结果可以发现，除城镇居民人均乳品消费支出占城镇居民人均食品消费支出的比值、乳品企业利润额和乳品企业乳制品的产量外，其他变量对乳品企业新型化的水平都呈正向影响。其中企业广告密度与乳品企业新型化水平呈正向关系最显著。企业广告密度提高 1 个单位，乳品企业新型化水平就会提高 36.2 个单位。这与我们通常对新产品进行大量广告宣传的市场行为是一致的。产业环境和产业集聚程度对乳品企业新型化的影响程度相差不大。产业环境和产业集聚分别提高一个单位，乳品企业新型化水平依次提高 10.535 个单位和 13.217 个单位。产业环境和产业集聚对乳品企业新型化水平具有一定的推动作用。在外部环境的影响中，城镇居民人均乳品消费支出占城镇居民人均食品消费支出的比例与乳品企业新型化水平呈反向变动的关系。这可能与居民对乳品消费需求的增加，使得乳品企业注重了量的生产，而忽略了新型化的提高。公路线路里程数对乳品企业新型化具有促进作用。其原因是公路的增多，使得信息更加流畅，乳制品流通更丰富更畅通。在内部因素中，资本—劳动比率对乳品企业新型化也具有推动作用。因为新型化意味着科技含量高、机械自动化水平高，从而使得资本—劳动比率值高。在企业规模中，乳品企业销售收入与乳品企业新型化呈正向关系。这与消费者对新型乳制品的青睐与尝试的心理有关，且通常新型的乳制品为了占据市场份额往往会采取薄利多销。乳品企业的利润额和乳制品的产量与乳品企业的新型化水平呈反向关系。这是因为利润额增大会使乳品企业的管理者无暇顾及乳品企业的新型化，且也缺乏动力。

5.4 本章小结

前面章节的研究结果显示，尽管内蒙古乳制品业发展迅速，各项经济指标均位居我国前列，但其新型化水平有待提高，为了准确把握内蒙古乳制品业新型化中的主要制约，做到有重点、有针对性地加以改善其不利因素，本章探讨了内蒙古乳制品业新型化过程中的影响因素。为了实现上述目标，本章首先将乳制品业新型化的影响因素分为两大类：外部因素和内部因素；将乳制品企业作为分析的重点，其面临的产业发展环境、外部环境及产业集聚程度归为外部因素，而资本—劳动比率、企业规模和企业的广告密度属于内部因素；在具体的指标选取上分别以牧业产值占农林牧渔业总产值的比重、城镇居民人均乳品消费支出占食品消费支出之比与公路线路里程数、乳品企业的个数衡量产业发展环境、外部环境和产业集聚程度，以乳品企业资产总额与乳品企业从业人员的比值、乳品企业销售收入及乳品企业利润总额和乳品企业乳制品的产量、乳品企业的销售成本与乳品企业销售收入的比值代表资本—劳动比率、企业规模和企业的广告密度。

6 内蒙古乳制品业新型化的
实现路径与模式选择

6.1 内蒙古乳制品业新型化的路径

乳制品业是内蒙古的传统产业，也是内蒙古畜牧业中的支柱产业，促进乳制品业转型升级，逐渐向新型化过渡，既是进一步提升内蒙古食品加工业发展质量和效益的客观需要，同时也是内蒙古畜牧业可持续发展的必然选择，其新型化过程可通过科技信息化、技术高新化、加工生态化、产品高质化以及管理现代化等方式实现。

6.1.1 以科技信息化带动乳制品业新型化

发达国家的实践表明，将信息化不断渗透于传统产业并与之有机结合，是传统产业新型化进程中的有效途径。对于内蒙古乳制品业而言，信息技术的运用将有助于乳制品业改变现有产业竞争格局、推动传统生产方式转变、促进生产要素转移以及提高乳制品业劳动生产率，进而提高乳制品附加值，提升乳品企业的综合竞争力，最终提高内蒙古乳制品业发展的质量和效益，实现转型升级。其作用过程如图 6-1 所示。

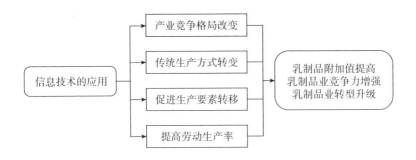

图6-1 信息化推动乳制品业新型化的途径

首先，信息化加速了乳制品业传统竞争格局的改变。目前，内蒙古乳制品业的竞争层次较低，竞争方式处于初级阶段，大多数乳品企业主要通过降低乳制品生产成本和销售价格、提高乳制品质量等手段获得竞争优势；而且竞争范围较狭窄，主要集中在同一行业、同一地理区域，区域壁垒很难打破。信息化的发展将极大地改变目前的竞争局面，一方面，网络信息技术及电子商务的发展使原有的区域竞争范围被打破，竞争对手范围扩大，从同一区域、同一行业扩展到国内甚至国际乳制品市场；另一方面，市场运行体系的网络化发展，使乳制品价格变动能及时得到反映，供求关系的价格信息不对称得到改善，乳制品价格系统能够及时、如实、准确地反映供求状况。

其次，信息化推动了乳制品业传统生产方式的转变。信息技术的使用，不仅对乳品企业产生深远影响，同时也将改变乳制品市场及消费者的"福利"，互联网、电子商务的发展，使消费者与乳品企业之间的关系更为密切和稳固，消费者的消费需求可以准确、快速地传达到乳品企业。因此，乳品企业大规模、标准化和装配线式的生产方式已难以适应处于动态变化的市场需求，将被精益生产、敏捷制造等柔性的生产方式所取代，而信息技术的发展恰恰为需求引致性的生产方式提供了技术支持，使柔性的生产技术、富于知识与技能的劳动力和灵活的管理机制有机结合，进而对不断变化的、多样的市场需求做出快速反应。

再次，信息化促进了乳制品业生产要素的转移。传统的经济增长理论认为，资本和劳动力是维持经济增长的主要动力，但是经济资源具有"稀缺性"，决定了资本和劳动力要素存在边际报酬递减效应，进而引发增长极限问题。信息革命以后，知识和信息逐渐成为独立于资本和劳动力之外的推动经济持续增长的重要推动力，其对经济发展的作用日益突出[60]（刘慧，2003）。信息技术的广泛应用不仅解决了乳制品业主要依靠传统要素驱动而引发的增长极限问题，同时生产要素向知识与信息转移，也使得乳制品业增长方式逐步转向以数量增长和质量提升双轮驱动的模式，进而实现乳制品业转型升级。

最后，信息化提高了乳制品业的劳动生产率。信息化在乳制品业中的应用与创新，改变了原有的要素配置比例与利用效率，进而提高乳制品业劳动生产率。其作用机制表现在：一方面，作为一种可再生资源，信息化发展可在较大程度上节约乳品企业传统生产要素的消耗，并使各要素的配置比例更趋于合理；另一方面，信息与乳品企业劳动力相结合，以及增加劳动工具和劳动对象的信息含量，可提高生产力系统的素质水平和使用效率，进而提高劳动生产率；信息与乳品企业生产力系统的决策者和管理者相结合，可导致生产力要素的优化组合，提高生产力系统的有序度。

6.1.2 以技术高新化拉动乳制品业新型化

利用高新技术改造乳制品业是乳制品业新型化的重要前提，其实现途径主要包括以下几方面：

第一，通过技术革新，实现对传统工艺的改造。乳制品加工业对先进设备与技术的依赖性较强，自动化控制技术可以最大程度发挥乳制品生产专用技术装备的效能，促使设备性能不断改进，提高生产设备的使用效率；同时，先进的技术条件，可缩短乳制品生命周期，加速资金周转，提高生产效率和提高产品规范度，使制造系统柔性化。

第二，改造传统产品，满足多样化需求。目前，国内乳制品消费市场总体上同质化现象比较严重，难以满足消费者的多样化需求，同时也不利于乳品企业提高其经济效益和竞争力。因此，改变传统经营理念，以市场需求为导向，以高新技术为基础，不断开发个性化乳制品，提高乳制品的科技含量和附加值，成为乳制品业技术高新化过程中的关键之举。

第三，更新设备，提高乳制品生产的自动化水平。用高新技术对乳制品传统的、落后的生产设备进行更新改造是提高乳品企业生产效率和经济效益的重要途径，可以在不改变现有其他生产要素（劳动力、资金、原料奶等）配置比例的条件下，实现产量增长；同时有助于提高企业生产工具的技术水平，降低劳动力投入，进而降低乳制品的生产成本。

第四，组建科研团队，研发核心技术。乳品企业竞争力强与弱，直接体现为乳制品的竞争，但归根到底是技术的竞争。随着技术生产要素作用的日益显著，乳品企业逐渐成为科技创新的主体，企业技术中心是企业创新能力的核心[61]（王小明，2002）。因此，乳品企业特别是大型乳企（蒙牛、伊利），要构建并完善纵横一体化的技术创新体系，横向一体化意味着乳品企业的技术中心与高等院校、科研院所以及类似企业建立合作关系，互通有无、资源共享；纵向一体化要求乳品企业内各部门与技术中心建立通畅的信息交流关系，服务于技术中心的科技创新活动。

6.1.3 以加工生态化催动乳制品业新型化

传统产业生态化是依据生态经济学原理，运用生态、经济规律和系统工程的方法来经营和管理传统产业，以实现其社会、经济效益最大、资源高效利用、生态环境损害最小和废弃物多层次利用的目标[62]（袁增伟等，2004）。对内蒙古乳制品业进行生态化改造不仅是乳制品业转型升级的客观要求，也是推行乳制品业循环经济发展模式的有效途径，其最终目标是实现乳制品业经济效益、环境效益和社会效益最大化。

首先，延伸乳制品产业链条。产业链条太短导致资源综合利用率低、产品附加值低、污染高、市场竞争能力差[63]（朱谷生，2006），对内蒙古乳制品业来讲，上述问题依然突出。内蒙古乳制品业发展的基础条件较好，积极依托资源优势，以乳品企业为主导，向精加工、深加工发展，不断延长产业链条，提高资源综合利用效率，减少生产活动向自然生态环境排放的污染量，成为乳制品业生态化改造的重要内容。

其次，对乳制品产业园区进行生态化改造。充分借鉴吸收先进的生态工业技术和经验，按照生态工业学原理进行改造、建设和管理，合理规划和改造乳制品产业园区内资源流、能源流、信息流和基础设施，降低乳制品生产过程中主要污染物的排放以及环境负荷；主动构建乳制品业网络和循环经济产业链，制定并实施促进乳制品加工生产、流通等过程减量化、再利用、资源化的有效措施，实现资源共享和产业共生，促进资源能源节约，提高资源能源利用效率和产出率。

再次，建立绿色企业制度。乳制品加工企业是乳制品业的微观主体，乳制品加工企业的生产经营模式往往决定了乳制品业的发展方向和模式。绿色企业制度的建立就是要按照绿色标准，促进乳品加工企业转变生产和经营方式，将乳品加工企业塑造成为符合可持续发展要求的生态型企业。具体地讲，一是加大对环保型新技术与新产品的开发力度，推出具有产品质量优、环境行为优的绿色乳制品，满足现代消费需求，扩大市场占有；二是实施既有利于资源合理利用又有利于环境保护的清洁生产，包括清洁的生产方式、清洁的产品设计以及清洁的能源利用；三是在管理方面，按照 ISO14000 的相关规定，建立符合乳制品企业生态化发展的环境管理体系，实施环境管理。

6.1.4 以产品高质化驱动乳制品业新型化

提高乳制品质量，规避质量安全风险，直接关系到乳制品业的国际竞争力，通过政府监管、企业自律、农民自控等途径，提升内蒙古乳制品质量，是乳制品业新型化过程中的当务之急。

首先，推进适度规模养殖，建立优质奶源基地。安全、无污染的原料奶是生产绿色乳制品的前提。通过政府引导、奶农配合，出台相关支持政策，引导散户退出，发展适度规模养殖，提高奶牛养殖的标准化水平，为乳制品业一体化经营奠定基础；通过加快标准化、规模化奶源基地建设，推广应用奶牛标准化规模养殖技术体系，提高奶牛业整体素质和生产水平，提升疫病的防控能力，使科学技术真正变成生产力[64]（庞盛林，2014），确保乳制品质量安全。

其次，建立行业自律机制。乳制品生产经营者是乳品质量安全的责任主体，所以通过宣传，让乳品生产经营者逐渐树立作为第一责任人的观念和意识，并从根本上控制乳品质量安全事件的发生；同时建立科学、合理的按质论价体系，兼顾第三方检查、化验，保证各方的利益[65]（吴天龙，2015），确保乳制品业健康持续发展。

最后，推进科技创新，提升乳制品质量安全水平。加大对乳制品科研的投入和支持力度，加快奶业科技推广，加强奶牛良种繁育体系、疫病防治体系、饲料安全与开发体系、技术服务体系以及多元化的投融资体系建设；建立奶业发展风险基金，提高奶业抗风险能力；建立健全奶业从配种、饲养、防疫到乳制品检测消毒、包装和流通等一整套社会化科学技术服务体系。

6.1.5 以管理现代化推动乳制品业新型化

乳品企业管理现代化要求在企业管理中广泛运用系统论、控制论和信息论等边缘科学，采用以电子计算机为核心的管理手段，建立符合社会化大生产要求的管理组织，从而使乳品企业管理活动达到新型化水平，具体内容如下：

一是管理思想现代化。乳品企业管理思想的现代化包括战略管理观念、创新管理观念、经济效益观念、适应市场观念、人力资源管理观念、法制与道德观念等。新型化进程中，要求乳制品企业以全新的眼光审视整个管理过程，兼顾企业与社会两方面利益实施管理，改变经验管理、传统管理的思想与方式，建立并使用现代化的管理理念及手段，建立了严格的数据信息管理体系。

二是管理组织现代化。乳品企业管理组织的现代化包括管理组织高效化、管理人员的专业化、管理方式民主化。它要求从最大限度的整体出发，按职责分明、领导和指挥统一等原则合理组织机构，使用人才，健全各项规章制度，以形成完善、科学、高效的管理组织体系。

三是管理控制现代化。管理控制现代化包括四点内容：确立全新的控制标准、建立健全管理信息系统、研发和使用新兴控制原理和技术、建立有效的反馈系统。通过这四点内容，乳品企业可以对管理活动的效果进行校正。

四是管理手段现代化。管理手段现代化的实现，可以通过引入管理信息系统和实行电子商务来实现。

6.2 内蒙古乳制品业新型化模式构建

随着我国乳业的高速发展，内蒙古乳制品业的发展也较为迅速，但受资源条件、环境状况的约束，客观上要求内蒙古乳制品业实现转型升级，在乳制品业新型化过程中，乳品企业的新型化是关键。但目前内蒙古乳品企业参差不齐、规模不一，转型过程中遇到的重点和难点有所区别，因此，客观分析乳品企业，特别是中小型乳品企业转型中面临的突出问题，探索生存与发展之路，是内蒙古乳制品业新型化进程中亟待解决的问题。基于此，本部分将结合内蒙古乳品企业的发展现状，提出以下乳制品业新型化模式：

6.2.1 基于要素创新的乳制品业新型化模式

乳制品生产过程中除了需要具备其他产业共性的生产要素（资本、劳动力等）之外，其特殊性在于对奶源有较高的依赖和要求，优质奶源直接关系到乳制品层次与乳制品质量安全，业内"得奶源者得天下"的说法亦即此道理，因此，对于不同规模与发展阶段的乳品企业，进一步加强奶源基地，构建稳固的奶源基地建设模式，是确保乳品食品质量安全，推进乳制品业新型化的可选模式之一。

"企业 + 奶站 + 散户"模式。该模式的优势在于：机械化统一挤奶，减少了污染环节，避免了非法添加；奶站按照企业的要求，为散户提供饲料品牌推荐、疫病防治药品推荐、良种改良指导、饲养管理咨询等服务，有利于提高奶农的养殖技术，使其适应市场需求，为企业提供安全可靠的原料乳，并有效节约成本，提高自身的盈利水平，为其模式优化养殖奠定基础；企业通过奶站获得奶源基地的原料乳，便于企业对原料乳的验收与管理，对奶农具有一定的监督作用。

"企业 + 养殖小区"模式。养殖小区内牛舍及其他设施是统一设计和建设的，小区内的奶牛一般由从业者自行购买，粗饲料有的自种、自收、自加工，也有统一组织、统一种植、统一加工或者统一购买。精饲料基本是购买专业饲料公司生产的全价料和浓缩料，由奶牛养殖户自己对自家的奶牛进行饲养管理工作。奶牛养殖小区中，奶牛养殖主体是入驻小区的农户。

"企业 + 牧场"模式。"企业 + 牧场"模式是投资人根据先进的设计和经营理念，按照标准化的要求建造牛舍、运动场、挤奶厅，引进优良的奶牛品种，聘请专业人员参与经营管理，应用全混合日粮饲养、阶段饲养、无线电感应系统、粪便无害化处理等先进饲养管理技术，最大限度地发挥奶牛生产性能的一种较为灵活、合理的生态型养殖模式。该模式便于统筹安排、统一管理，也便于新技术的研发和应用，使科学饲养、机械化操作成为可能，此外，还有利于降低养殖成本，便于生产效益的提高。该模式中，部分场区有林带、隔离带部分场区进行了绿化；牧场为奶牛建有运动场、保温设施；牧场定期打扫牛舍，并消毒；且绝大部分的牧场有固定的粪便堆积地点，这些方面为奶牛提供了一个良好的生活环境。

6.2.2 基于技术创新的乳制品业新型化模式

内蒙古乳制品业发展的重点领域是针对制约乳业发展的关键技术与设备，依据引进消化和自主创新相结合的原则进行科技攻关，争取在乳制品加工技术和设备上取得突破，推动乳制品业科技进步，加快转型升级步伐。此外，乳品企业是实施技术创新的主体，要恢复乳制品市场消费信心，打通饲料原料深加工—畜牧养殖—原料奶购销—乳制品加工全产业链，从单纯的原料生鲜乳供应商向乳制品一体化企业转型，亦离不开乳制品生产技术和加工设备的创新和发展。技术创新推动型的新型化模式，其核心就是要在以下技术和设备上取得突破：

一是乳品加工的关键技术。具体包括：①膜分离技术，该技术具有对环境污染小、能量消耗低、无需使用添加剂、避免产品的热破坏，而且过滤的同时将物料浓缩或分离等优点，使得它在乳品加工中显示出越来越多的实用价值和广阔的应用前景。②生物技术，它是现代新技术革命的重要内容之一，包括基因工程、细胞工程、酶工程、发酵工程和生化工程等。③冷杀菌技术，由于杀菌过程中食品温度并不升高或升高很低，既有利于保持食品中功能成分的生理活性，又有利于保持其色、香、味及其营养成分。④检测技术，乳品工业的发展，要求有效的检测技术对乳制品进行检测，尤其是针对乳中含量甚微、但影响大的活性物质或毒素的检测。在国外，超声波技术、生物传感器、免疫学技术和高效毛细管电泳分析技术已被应用于检测及在线检测。⑤流变学分析技术，该技术因为能使技术人员对每一生产环节对产品造成的影响和设备的运转情况进行全程了解和控制，而成为乳品科研的重要手段和提高乳品生产技术水平的关键措施。⑥冷冻干燥技术，它能有效地防止热敏感物质的氧化变质，防止产品表面硬化，增强复水性，最大限度地保持食品的原有品质。免疫乳及其制品应采用此种加工技术。

二是乳制品加工关键设备。主要包括：①乳品浓缩设备，在乳粉生产中，发达国家广泛采用多效蒸发器进行牛乳的浓缩，而内蒙古大多数乳品企业采用单效和双效的蒸发器。在液体奶的生产中，发达国家和浓缩设备也很先进，如先进的闪蒸设备。因此，改造乳品企业的蒸发设备势在必行，这样不仅可以大大节约能源，降低成本，而且对提高产品质量也有重要的作用。②均质机，均质机在乳制品中的应用使脂肪球破碎，不仅可以改善和提高乳品的品质，而且可以延长乳品的货架期。③无菌生产线，乳品生产的高温短时杀菌和超高温瞬时杀菌方式和设备，已有所采用，但基本上引进的都是生产线。虽然有些企业研究开发无菌生产设备，但质量和性能与国外产品的差距悬殊，而且没有无菌成套生产设备的研发。④检测设备，现有的快速检测设备多数是从国外进口，价格高、数量少，原料奶自动验质中的脂肪测定设备与国外比较，还存在不足，所以采用的较少，多数企业还都在采用传统经典的检测方法。⑤乳粉生产设备，内蒙古乳粉生产用的国产化设备较多，但其二次干燥设备和速溶喷雾设备，与国际水平尚有较大差距，影响产品的速溶性能，今后应作为研发的重点。⑥小型奶酪加工设备，奶酪的生产是内蒙古未来乳品发展的重点之一，由于目前内蒙古干酪生产很少，还没有国产的干酪生产设备。因此，加快干酪生产设备的研发对引进国外设备与技术的消化利用，开发具有我国自主产权的先进设备意义重大。

6.2.3 基于动力创新的乳制品业新型化模式

乳制品是乳品企业的生存之本，也是乳品企业不断创新的动力所在。乳品企业要想稳定发展，取得更加显著的竞争优势，只有做好产品创新，才能保持持续的发展动力。具体创新的方式可以在既有产品的基础上，附加新的功能，也可以从改变产品形态方面寻找机会。

第一，附加新功能。牛奶除了基本功能营养之外，还具有助消化、养颜美容、助眠等附加功能，乳品本身的功能是有限的，但通过科技的投入，使之具备更多的附加功能，从消费者角度看，其购买的附加值就会更高。附加新的功能有两个方向可供选择，一是根据市场需求对原有产品功能的不足进行补充，2008年三聚氰胺事件后，"牛奶 + 膳食纤维"新产品的研制，便是成功案例，通过在纯牛奶中添加了具有促进消化吸收功能的有益物质，及提高了产品品质，同时也有利于维护原有消费者。二是在原有产品的功能上增加新功能，红枣酸奶是一个比较成熟的产品类别，市场还在不断的扩大，消费者购买这个产品是因为有红枣，而红枣在中国传统的认知是可以养颜、补血、美容的，对于任何一个乳品企业，都不愿放弃该产品。但各家乳品企业如果都涉足红枣酸奶，又没有新功能，最终只能是市场同质化，缺乏竞争优势。如果在开发红枣酸奶时，同时添加了枸杞。由于枸杞在中国消费者的传统认知中也是养颜、补血的佳品，所以"红枣 + 枸杞"的酸奶，比单一的红枣酸奶价值更高，这样就达到了 $1 + 1 > 2$ 的效果。

第二，改变产品形态。如果想改变产品的形态，固态的乳品更容易做到，比如奶片，大部分都是圆形的，企业可以通过改变其形状，比如做成小动物，十二生肖，以吸引儿童的消费者，满足儿童消费者的好奇心；对于液态奶来说，要想改变其形态，必须根据市场的需要做出选择，比如100ml 小袋酸奶成功进军锡林浩特市场，便是迎合了当地消费者的传统消费习惯，迅速占领市场的典型。

内蒙古乳制品业，在产品的创新上，有四个方向可供选择：一是技术创新，光明乳业长久占据国内酸奶品类的第一位置，靠的就是其强大的技术创新团队，使自己生产的产品领先于国内的竞争对手，成为创新的受益者。从模仿到创新，光明一步一个脚印，已经成为国内乳品创新最多的企业之一。二是功能创新，普通的乳品已经成为城市居民的日常消费品，面对多元化的社会需求，产品功能的创新成为下一轮市场竞争的制高点。蒙牛乳业所推出的"真果粒""妙点"，伊利乳业推出的"谷粒多"等都是产品功能创新的典范，通过产品功能的精确定位，为消费者带去更多的利益。三是包装创新，包装的创新必须依赖于产品的内容物，要根据产品的消费者定位、口感、营养价值等因素，进而确定用什么样的产品包装。近年来，新兴的包装形式层出不穷，企业要想通过包装创新占领市场，必须要对自己所覆盖的市场有清晰的认识，同时成为产品群。四是概念创新，概念创新要立足于消费者，立足于中国博大精深的传统文化，这是用之不竭的资源，也是企业从产品概念上创新的突破口，比如红枣酸奶、红牛奶、黑牛奶等都是成功产品。

6.2.4 基于品牌创新的乳制品业新型化模式

尽管内蒙古有伊利、蒙牛两大乳业巨头，凭借其高额市场费用的投入、高效率的品牌传播和专业的营销系统人员长期独占全国乳品市场，其品牌价值得到显著提升，为内蒙古中小型乳品企业打造高端品牌树立了榜样。但是内蒙古乳制品业新型化进程以及乳品企业的高端化发展不仅仅是这两大乳品企业的事，与众多中小型乳品企业也息息相关，尽管中小型乳品企业的规模和技术实力难以和全国性的乳品企业比拟，但是依托独特的区位优势和资源条件，品牌化战略依然是推进内蒙古乳制品业新型化的重要方向。品牌创新是一个系统工程，需要长期培育，内蒙古中小型乳品企业的品牌建设，需要贯穿于整个营销的全过程。其关键环节包括：明确品牌定位、做好品牌推广、开发拳头产品、打造样板市场与建设形象店等内容。

第一，明确品牌定位。尽管内蒙古已有成熟的品牌伊利和蒙牛，但是推进内蒙古乳制品业转型升级过程中要的不只是一花独放，而是满园春色，追求的最终目标是使内蒙古乳制品业整体质量有所提升，达到国内甚至世界一流。因此，内蒙古乳制品业的品牌定位要充分结合地方优势条件、放眼未来，要体现消费者的情感价值，要体现内蒙古天然无污染的草牧场资源条件，要体现蒙古族的民族文化。此外，品牌定位要准确进行市场细分，之后确定企业的主打产品，在内蒙古乳制品市场竞争比较激烈的情况下，一定要准确把握目标消费者需求变化和购买行为。

第二，做好品牌推广。只有通过合理的渠道，将品牌适时推广，其价值才能体现出来。具体来讲，可利用电视广告、电台广播、报纸广告等方式进行宣传；也可以举办主题活动或者与地方娱乐节目相结合的形式，作联合推广，因为主题活动能够体现企业的品牌价值、产品形象，并注重消费者体验营销[66]（冯伟芳，2012）。可利用互联网进行推广，利用其低成本的优势；也可以通过户外广告的表现形式向消费者传递企业核心价值或产品信息，达到推销企业产品的目的。可通过消费者促销，向消费者传递本企业品牌形象及产品信息，使消费者在参加游戏的过程中，记住企业的品牌核心价值和产品信息；亦可以利用终端生动化的陈列，体现乳品企业的品牌形象，维护客情关系，扩大销售。

第三，开发拳头产品。国内大型乳品企业的成功经验均表明，在品牌培育过程中，大多走一条通过一支单品的打造来带动整个品牌家庭的路子，亦即通过开发拳头产品，实现品牌化建设。乳企的拳头产品是指除了竞争性产品外，其他所有本企业高档产品都能分享核心概念带来的资源的产品。它的核心概念最好是竞争对手没有提出过的，至少是竞争对手没有着重强化的，并且最好能固化在副品牌上并便于消费者的理解和记忆。另外，核心概念必须在所有包装、推广形式上体现；用一条广告篇、一种活动形式，甚至是一份海报，就能为所有本企业其他高档产品系列提供支持。

第四，打造样板市场。样板市场的旺销场面，能够给经销商一种大品牌形象的印象，在招商会的同时，可以带经销商参观样板市场，使经销商从样板市场中感觉到这就是自己的未来，按照样板市场的运营模式，就能够争取到市场。

第五，建设形象店。传统的商超渠道、零售网点以及订户渠道等均具有不可回避的弊端，不利于中小型乳品企业快速打开局面，推广品牌。目前，建设形象店是一种较好的形式，由于其产品进入障碍小，不必交各种费用，有利于产品的集中陈列，并且可以突出品牌，便于与消费者形成一对一沟通，使消费者全面了解公司的经营理念和产品信息，因此大力推进专卖店、牛奶体验店、奶吧等建设是促进内蒙古乳制品业的明智之举。

6.3　典型案例

6.3.1　伊利集团：技术创新助推乳业转型

伊利一直坚持和推动创新战略，经过多年的发展，已经建立了多个领先的技术研发和产学研合作平台，持续推动行业创新。其中，国家认定企业技术中心、乳品深加工技术国家和地方联合工程研究中心、全国冷冻饮品标准化技术委员会秘书处、国家乳制品加工技术研发专业分中心、国家乳肉检测中心的乳品检测研究室等都属于国家级别的研发创新平台。此外，伊利还建立了乳制品功效与感官研究院士专家工作站、内蒙古自治区乳品深加工技术与乳品安全企业重点实验室、伊利集团博士后科研工作站等研发平台。

当前，伊利紧紧围绕国际乳业研发的重点领域，整合海内外研发资源，从全球视角布设一张涵盖全球领先研发机构的全球创新网络，覆盖亚洲、欧洲、大洋洲和美洲，开展全产业链创新合作，取得了丰硕的实际成效。通过整合全球创新资源，伊利先后研发和推出了安慕希、金典、QQ星、畅意100%、金领冠、畅轻、巧乐兹、伊利牧场以及冰工厂等众多明星品牌。

伊利集团在行业内率先建立了三级研发体系：一级研发平台为谋求产学研合作的平台；二级研发平台为集团层面的创新平台，致力于对前瞻性产品技术、营养、质量安全和消费者洞察研究；三级研发平台为事业部的技术研发机构，针对现有品类产品技术及所用原辅料质量安全进行研发和控制。累计投资5亿多元建成的16000平方米的创新中心是集团研发核心机构，同时也是全国首个乳业科研成果转化的孵化器和乳业科研成果落地的加速器。研发领域涉及开发和产品改进、工艺研发和改进、设备研发和改进、产品营养功能研究、质量控制和检测方法开发、感官研究以及原料和产品安全性评估。创新中心不仅服务于伊利集团，而且还作为地区经济和行业发展的坚强后盾，促进乳业产业集群的成长。

伊利集团不断推进原创新产品与技术开发，建立起适应未来发展的技术研发体系，吸纳了国内外大量乳业研究方面的优秀人才，拥有高中级技术人员940人，博士16人，硕士160人，享受国务院特殊津贴专家2人，引进外籍专家5人，创新团队获得草原英才工程"第一层次产业创新创业团队"。截止到2015年底，公司参与国家标准修制定29项、地方标准6项、行业标准3项；持有中国境内注册商标3628个、境外注册商标642个；中国境内专利1835项，其中发明专利413项、实用新型专利437项、外观设计专利985项；驰名商标5件、著名商标7件；发明专利的授权率继续以绝对优势稳居国内乳品行业首位。专利保护遍及液奶、奶粉、酸奶、冷饮、原奶等多个技术领域。累计承担了国家科技攻关项目8项、自治区重大专项3项及自治区战略新兴项目2项，呼和浩特市重大科技专项1项。先后获得国家科技进步二等奖1项，中华农业科技一等奖1项，全国工商联科技进步一等奖1项，中国优秀专利奖2项，中国商标金奖，内蒙古自治区科技进步一等奖2项，呼市科技进步一等奖2项。在国外，获得IDF奖1

项，GDP 奖 1 项，SIAL CHINA Innovation 奖 4 项。

6.3.2 蒙牛集团：以创新提升核心竞争力

作为中国实体经济中的乳业代表，多年来，蒙牛一直秉承着"把创新作为核心竞争力"的发展理念，不断地推动最新技术成果和最严质量规范在全产业链上的应用，形成了以航天品质为依托，以创新研发为动力，不仅在国内赢得消费者认可，其海外销售持续增长。"中国消费需求进一步向高端化及营养化升级，蒙牛将持续聚焦高端产品研发及创新，专注为消费者提供更高品质、更营养健康、更多元丰富的乳品选择"。蒙牛集团对消费升级的认知，决定了蒙牛在创新上的不遗余力。

6.3.2.1 与生俱来的创新基因

利乐枕纯牛奶、高端牛奶品牌特仑苏、专业儿童牛奶品牌未来星、含有真实果粒的乳饮料真果粒、经国家认证的"健字号"酸奶产品冠益乳、二维码可追溯牛奶精选牧场以及依托于大数据研究而推出的互联网牛奶甜小嗨……可以说，自 1999 年创立以来，蒙牛的创新基因就深入骨髓，而这数不胜数的创新背后，更折射出一个年轻的中国乳业品牌的创新研发实力。

而以消费者为中心，让每一个消费者都能享用到蒙牛的创新成果，成为了蒙牛人不变的追求。以"优益 C－LC37"低温活性乳酸菌饮品为例，浓缩在 100 毫升小蓝瓶里的 500 亿活菌，高于国家标准 500 倍。这是蒙牛历时 10 年的不懈研究，无数次科学实践，运用高纯度浓缩技术所取得的行业突破。每天只需一小瓶，就可以补充一般成年人一天所需的益生菌，让极具实用性的行业首创变成了直接能感触到的消费体验。创新的指数级增长，也让产品的迭代变得更为快速。蒙牛在"冠益乳 BB－12 新品上市发布会"上，推出了一款以菌种命名的功能性酸奶新品——"小蓝帽"冠益乳，添加了活性远超普通益生菌的丹麦进口菌种 BB－12，具有有效提升免疫力、调节肠道功能、改善消化健康等功效，创造性地开启了功能性酸奶新时代。

蒙牛人深知，创新研发是日积月累的过程，矢志创新的干劲和坚持不懈的投入也让蒙牛收获了诸多创新的成果。截止到 2016 年底，蒙牛已申请创新研发专利共 2118 件，获批 1481 件，通过率为 70%。而仅 2016 年这一年，就申请专利 241 件，其中发明专利 112 件、实用新型专利 63 件、外观设计专利 66 件。

6.3.2.2 放眼全球的研发实力

一流的技术创新要"进口"。对于蒙牛人来说，不仅仅是要让创新变为入口甘甜的产品，还意味着把来自全球的顶尖技术带给中国的千家万户。

蒙牛全方位融入全球资源。2015 年，蒙牛雅士利新西兰奶粉工厂的投产，开创了奶粉行业国内品牌在海外 100% 自主建厂的先河。2017 年，蒙牛携手鹏欣集团，与新西兰 Asure Quality（安硕）集团及 Theland Tahi Farm（塔希牧场）联合签署特仑苏新西兰专属牧场合作项目四方协议，与 Massey University（梅西大学）签订了在食品营养健康研究、乳制品研发方面开展紧密合作的协议，成为完成从奶源到生产销售、自研发到质量管控的海外全产业链布局。

同时，蒙牛在产业链布局中，侧重于上游技术领域的融合，依托中粮集团、法国达能集团和丹麦阿拉福兹集团三大战略股东，蒙牛已经拥有超过 30 个全球研发合作伙伴，还在丹麦、法国、美国建立了三大海外研发中心，与达能就酸奶领域进行深度研发合作，与美国 White Wave 共同创立植物原饮品牌 Silk 植朴磨坊，与美国 UC Davis 共建营养健康创新研究院，开展营养健康产品的研发……全方位有针对性的对中国乃至全球消费者提供更适合的、更具营养价值的产品。

6.3.2.3 创意跨界的营养未来

更多的创新正在蒙牛的脚下延伸。从纯技术领域进入到跨界创新，变成了蒙牛的全新发力点。

2017 年，蒙牛集团与阿里巴巴集团在杭州正式签署战略合作协议，双方未来将在线上销售、品牌建设等方面展开多领域深化合作。其实双方的合作早已开启。2016 年，蒙牛基于阿里大数据推出了一款甜牛奶新品"甜小嗨"，该产品一经上线就成为销售爆款。这款依托网上大数据而诞生的牛奶，是典型的互联网产品，从口味研发到定价到营销方式，都充分结合了消费者的"所思所想"。而这一成果的取得可以追溯到 4 年前，彼时大数据概念刚刚提出，蒙牛就已着手构建大数据的体系，并独立积累了超过 2000 万的线上用户。而对于和阿里的合作，蒙牛给出了另一个答案：不仅是拓展销售渠道，更要基于阿里强大的大数据平台孵化出更多贴近消费者需求和喜好的创新产品。而以"航天品质"为基准的蒙牛，也不断向更长远的未来营养探索：2016 年，在太空中翱翔了 33 天"神十一"重返地球时，蒙牛的"太空菌种"也同步落地。各种太空测试数据为长双歧杆菌 BBMN68 冷冻菌液应用与生产，以及创造出对肠道健康和免疫力更具提升作用的发酵乳产品提供了更丰富的研发依据。

在全面深化改革和供给侧结构性改革的历史大潮下，在不断加剧的消费升级趋势下，正是对"工匠精神"和技术创新的坚守与探索，让蒙牛拥有了打造"世界级的中国品牌"的雄心和自信。

6.3.3 圣牧高科：奶源可追溯，有机更放心

继常温液态奶之后，有机奶逐渐走进了大众的生活。有机奶被称为奶粉中的贵族产品，因其对奶源地环境、气候和奶牛饲养管理都有着极其严格的要求，是最优品质的代名词，作为通过欧盟品质认证的有机奶企业，圣牧高科始终将奶源安全作为企业发展的核心要素，以优质的产品质量赢得了广大消费者的青睐。作为一家专业生产有机奶的企业，圣牧高科坚持用源头做起，从奶牛饲养，生产检测，产品追溯等进行全方位的完善，形成了一条全方位的有机产业链，践行着对国人"生产安全放心有机奶"的郑重承诺。

在奶源饲养方面，圣牧高科奶牛全部来自其专属有机牧场，奶牛生活在远离污染的沙漠环境中，沐浴着丰沛阳光，汲取深层黄河水源滋养。在食物上杜绝一切的激素化肥，奶牛吃的都是沙漠牧场内生产的苜蓿、玉米和油葵这些天然食

品，不含任何污染，从源头上保证了奶牛的质量。

在生产检测方面，圣牧高科引进全球最先进的生产体系，严格遵循有机奶的加工流程，建立了全面的质量管理体系。为了确保市场上的每批产品合格，圣牧人投入巨资从国外进口先进的检测设备，能够在短时间内检测过抗生素及农药残留等项目数据，各项检验检测指标均大大超过了国家目前的规定数量。针对原料奶的多项检测，多项涵盖原辅材料、包装材料的检测都严格把关，完全确保进入市场的产品是安全健康合格的。

在产品追溯方面，在每一盒圣牧高科的有机奶产品上都有一个"身份证号码"，这就是标记在产品包装上的"追溯码"。据介绍，每一只圣牧奶牛从出生就有档案，所产牛奶在运输中全程监控。凭借这一连串的数字，就可以在短时间内查到生产日期、生产工厂、操作工人、包装及配材采购源，甚至是可以查到奶源以及产奶的奶牛，一旦出现质量问题，就可以从源头上完善，防患于未然。

一系列的耕耘换来了一系列的收获。如今，圣牧撑起国内有机原奶总量的半壁江山，成为中国有机原奶第一龙头。未来，圣牧瞄准了世界有机牛奶的最高标准，将超越世界上有机奶产量最高的国家丹麦。这就是圣牧的战略目标成为全球最大的有机乳品制造商。圣牧人凝心聚力，正朝着战略目标阔步，他们只为一杯好牛奶，让中国消费者放心享用高品质的圣牧全程有机奶！

6.3.4 光明乳业：加速产品创新，推动可持续发展

乳产品越来越受到消费者的喜爱，市场的竞争也越来越激烈，在国内这样的背景下，光明乳业实现了升级，推动产品创新、提高运营能力、实现高质量发展。

6.3.4.1 明星单品成绩亮眼，海外市场锦上添花

光明乳业始终坚持以市场为导向的结构优化，旗下的优倍鲜牛奶、赏味酪乳、如实发酵乳、致优鲜牛奶及优＋纯牛奶等中高端产品业绩实现了较快较好的

增长，反映出新消费时代下消费者对于高品质创新型乳品的更高追求和信赖。此外，公司国际化战略布局成果明显，海外乳品市场前景广阔，其控股的新西兰新莱特实现营收 41.96 亿元，同比增长 47.55%；净利润 2.86 亿元，同比增长 57.83% 的这一业绩亮点，也展现了其盈利能力，未来或将给企业带来更多利润增长点。

2017 年光明乳业在优化产业、产品结构，聚焦深耕全产业链质量管理和创新研发上面也在持续发力，取得了较好的市场反响，丰富了品牌内涵和影响力，为企业的高质量发展奠定了越发坚实的基础。因此，平稳向好的业绩增速是实现高质量发展的基础和前提，光明乳业业绩稳健增长的背后，体现的是光明乳业明星单品与日俱增的实力和日渐成熟的海外市场盈利能力。

6.3.4.2 升级全产业链质量管理，筑牢食品安全根基

据中商产业研究院预测，2018 年中国液态乳及乳制品制造行业的销售收入总额将达 3984 亿元。农业部数据显示，中国奶制品总消费量到 2024 年预计达到 6303 万吨。越来越多的中国乳品企业逐渐意识到，要在全产业链竞争的关键阶段脱颖而出，唯有牢牢守好食品安全底线，精益求精、以质取胜，以良好的品牌口碑赢得消费者的信赖。

2017 年，光明乳业确立了乳业、牧业、冷链物流"1+2"全产业链发展模式，持续优化革新内部管理、产业布局，不断树立和刷新着行业质量安全标准的新高度。在体系保障上，它以光明 PAI 体系为核心，通过工业化与信息化深度融合，将以质量绩效为导向的预防、评估、改善的全产业链追溯体系进一步升级。在源头管理上，光明乳业实施了牧场升级工程、食品安全升级工程并以 WCM 体系（世界级制造）完善加工工艺和设备。此外，光明乳业还搭建了全国物流平台，实现了资源集约化管理和全国性的产销分离。在全国产能、销售均有分布的支持下，在 2017 年初，光明优倍成为了乳业内第一款全国市场有售的鲜奶产品。

此外，光明乳业还在"国家优质乳"工程中获得国家奶业科技创新联盟的

全面验收，标志着光明乳业通过全新而严苛的巴氏杀菌乳内控标准，完成了巴氏奶从 85℃~75℃ 杀菌工艺的提升，实现了全产业链质量管理的全面梳理和升级。

6.3.4.3 打造创新引擎内核，驱动企业可持续发展

对于追求可持续高质量发展的企业来说，创新是永恒不变的真理，也是企业不断实现自我突破和超越的根本引擎。行业专家认为，随着中国乳业格局发生重大改变，发展模式和产品结构在消费升级的背景下亟待变革，科技研发创新作为第一驱动引擎，对中国乳品工业的转型和升级、对乳企核心竞争力的提升有着深远影响。

光明乳业坚持"品质为本，引领创新"的发展理念，在 2017 年继续加大创新研发投入，依托光明乳业研究院的八大科研平台，开拓乳品营养新方法，建设了包括 4500 余株不同类型乳酸菌的乳酸菌资源库，申请了 142 项国家专利，并持续推出优倍鲜奶、莫斯利安、优格、每日千亿等系列产品的新品。光明乳业的创新实力一直备受外界关注和肯定，2017 年，其获得了"2017 中国品牌百强榜""中国乳业领军企业""中国消费者首选十大品牌""中华百年传承品牌""品牌之星""2017 年度中国乳业领军品牌"等社会荣誉。据悉在近期，光明乳业国家企业技术中心还在国家发展和改革委员会对国家企业技术中心的评估中位列全国 1345 受评估技术中心第 153 位，位列中国食品领域企业第一位。

党的十九大报告中明确提出实施"健康中国"战略、发展健康产业、为人民群众提供全方位全周期健康服务，而奶业也已成为了"健康中国"不可或缺的产业，承载着让国人喝上好奶的"中国梦"。在消费升级新时代下，乳业品牌的内涵变得更加丰富，而企业履行社会责任的形式也越发多元，它不再局限于社会公益投入、股东和员工的价值回馈，还将定义延展到了企业产业链的质量管理和创新研发上。光明乳业作为中国高端乳品引领者，多次树立和刷新了产业链建设、质量安全管理和技术创新的行业标准，推动着中国乳制品行业的转型升级和高质量发展，为消费者持续创造着营养健康、高质量的乳品。

6.3.5　北京三元：科技创新引领乳业消费新升级

作为乳品企业，供给侧改革核心是提高品质，而品质的关键是质量安全。奶制品属于典型的全产业链行业，涉及到种草、奶牛繁育、养牛、加工和销售，放眼整个中国，真正贯通全产业链的乳企并不多见，三元却是其中的佼佼者。其原因是三元的"三个坚持"理念：坚持从奶牛的育种、养殖、牛奶加工到销售的全产业链体系，坚持执行高于国家和行业标准的内控标准，坚持科研创新不断提升产品科技含量。

6.3.5.1　重视奶源基地建设，稳定奶源质量

依托首农集团的优势资源，原料奶供应来自于首农集团下属企业北京首农畜牧发展有限公司的标准化养殖牧场，拥有全国最大的奶牛育种中心，在国内率先创造了科学的"EDTM"奶牛管理体系，而且在奶源管理最为重要的牧场建设方面，基本上都是自有牧场，有着良好的质量控制体系，稳定的奶源质量。如今，质量安全已经成为三元发展的基因。60 多年来，零差评、零事故的成绩造就了三元在行业里质量标杆的地位。2015 年，三元食品成为唯一获得"首届北京市人民政府质量管理奖提名奖"的食品企业。

6.3.5.2　用科技创新回应乳业消费升级

"工匠精神"重在传承，但不等于墨守成规，而是随着时代的变迁不断精进与创新。当前，价格已经不再是消费者决定购买与否的首要标准，生存型需求必然向改善型需求转变，大众消费也逐渐向高端消费升级。乳品市场的消费升级主要呈现"精、高、新"三大特征。精，是指产品分类越来越精细；高，是指产品向高端化发展；新，是指新产品驱动品类增长。三元一直把满足消费者需求作为企业发展的动力。无论是 80 年代三元生产的中国第一罐工业化酸奶，还是 90 年代全国第一包早餐奶，三元一直走在前面。2014 年，在国家科技部和北京市

科委的支持下，三元食品开始筹建"国家母婴乳品健康工程技术研究中心"，历时 3 年，横跨 6 省，收集分析了两万多条数据，构建了中国迄今为止最完善的母婴数据库。

这两年来，在消费升级与个性化消费的背景下，乳制品高端化趋势日益显著，但大多企业都在乳蛋白含量高低、包装个性等方面下功夫，而具有科技深厚积淀的三元，则另辟蹊径，通过源头创新和生命科学技术运用，挖掘出更接近母乳的 A2β － 酪蛋白成分，获得消费者青睐的同时又一次引领了行业的转型升级。

6.3.5.3　注重健康产业长远战略布局，全力加大创新投入

60 年来，三元始终坚守品质，坚持以"国人健康"为核心，不断提升产品科技含量，持续为消费者提供安全、营养、健康的乳制品。三元一直在科技创新和产品创新中发力，通过加大创新投入，推进健康产业发展，实现长远战略布局。

三元在国内首家推出极致 A2β － 酪蛋白纯牛奶新品，通过运用生命科学技术，建立完善的奶牛血统追溯及基因筛查体系，从源头进行突破，实现全产业链协同创新。三元极致 A2β － 酪蛋白纯牛奶品质源生、亲和安全，更贴合人体的消化系统，很好地提升了消费者健康体感。2017 年 9 月，三元联合复星竞购法国 St － Hubert 100% 股权。St － Hubert 技术研发和创新实力雄厚，拥有多项专利技术，是健康食品行业的创新先驱。此次收购推动了三元向大健康产业迈出坚实的一步。

随着三元对大健康产业的战略布局和深入推进，后期发力效果也在逐步显现。近年来，三元主力产品市场反应良好，爱力优系列奶粉屡获政府、行业、消费者三方肯定。未来，三元也将持续加大科技投入和研发支持，一如既往、深入推进母婴健康领域研究，切身践行"健康中国"的使命，为实现人民美好生活的目标而奋斗。

6.4 本章小结

在前文研究的基础上，结合内蒙古乳制品业发展现状，本章提出了内蒙古乳制品业新型化的实现路径与新型化模式选择，研究得到以下基本观点：

内蒙古乳制品业新型化的实现途径，一是通过信息技术的应用，改变乳制品业竞争格局与传统的生产方式，转移生产要素并提高劳动生产率，以此带动乳制品业转型升级；二是对乳品企业的生产设备、传统工艺以及产品进行技术更新与改造以实现乳制品业新型化；三是按照循环经济发展的要求，延伸产业链、建设产业园区、建立企业制度，对乳制品业进行生态化改造，进而推动乳制品业新型化进程；四是通过优质奶源基地建设、建立自律机制、推进科技创新等方式，从原料奶生产、乳制品加工及销售等关键环节确保乳制品质量安全，提高乳制品业新型化水平；五是按照现代化标准，建立高效运行的企业管理制度，最终实现乳制品业新型化。

内蒙古乳制品企业规模大小不一、实力强弱有别，其新型化的路径与模式不可能完全一致，但乳品企业可以立足其发展阶段，并结合客观环境，充分利用优势条件，从奶源基地建设、重点领域技术创新、改善乳制品品质以及推进品牌建设等方面，探索建立转型升级模式，助推内蒙古乳制品业新型化。国内大型乳品企业的实践亦表明，依托优质奶源，大力推进产品创新、科技创新，不断提升乳制品的科技含量和附加值，成为转型升级的关键路径。

7 内蒙古乳制品业新型化支撑体系

内蒙古乳制品业作为一个产业群体，单纯依靠各乳制品加工企业的改革创新推动整体产业的转型升级是不现实的。乳制品业新型化过程中的要素创新、技术创新、动力创新和品牌创新只有在政策、地方政府以及企业自身不断改革创新的条件下才能得到顺利实现，因此从产业政策、科技创新、金融支持以及社会化服务等层面上所进行的内蒙古乳制品业新型化的支撑体系建设就显得尤为重要。

7.1 产业发展政策

任何一个产业的产生、发展、壮大都离不开政府的高度重视和积极推动，对乳制品业而言，自 2008 年爆发"三聚氰胺"事件以来，国内消费者对整个乳制品行业的不信任导致"洋乳品"抢占了国内高端乳制品市场。然而，2013 年乳品市场反垄断及质量安全问题似乎令"洋乳品"陷入危机。在这个挑战与机遇并存的关键转型阶段，自治区根据自身特点依据现有的《乳制品工业产业政策》推行实施符合内蒙古乳制品业自身特点的产业发展政策，将有助于进一步改善内蒙古乳制品业的产业布局、加工企业与奶农关系不协调等问题，规范乳制品加工企业投资行为，培育公平的市场竞争环境，促进形成行业有序健康发展的新机制。同时在微观层面，对于摆脱现阶段内蒙古乳制品业发展所面临的诸多困境，如科研投入不足、创新能力差、加工增值率不高，市场竞争力弱等方面起到政策扶持和引导作用。面对乳制品业的全球化发展，结合自身面临的困惑，如何为内蒙古乳制品业创建一个可持续发展的宏观政策环境，已经成为迫切需要解决的问题。

7.1.1 明确政策目标

维护和发展乳制品工业现有的良好势头，解决行业发展中存在的矛盾和问题应作为政府制定产业发展政策的基本出发点。目前我国人均奶类消费仍处于相对较低的水平，优质产品较少，自治区在今后推行实施产业发展政策时应进一步引导发展奶类生产，提高优质乳制品产量，同时注意控制乳制品业加工规模，把加工产能控制在合理规模范围之内，使之与奶源供应、市场需求相适应，避免恶性竞争和资源浪费，实现行业有序发展。

对政府而言，要加强对乳制品业的宏观调控和管理，制定和完善符合内蒙古自身特色的中长期乳制品业发展计划，指导和规范乳制品业发展的政策和法规，加快制定乳业质量标准体系。加强对乳业市场秩序的规范和管理，支持和引导行业协会的工作，发挥行业协会在奶业发展中的重要作用。

7.1.2 进一步优化产业布局

乳制品企业必须达到一定的规模，才能产生好的经济效益。政府应该严格限制新的小型乳品企业的产生，严格控制建设同质化、低档次的加工项目，同时鼓励一些大型乳品企业通过并购、控股等方式进行集团化、规模化、一体化运营，整合企业的优势资源和技术，提高乳制品业的市场集中度，增长企业利润，提高效率，获取市场的竞争力。对于规模小，技术落后，资源消耗高的企业加快关、停、并、转。其中对于城市郊区加工区，应加大对乳品加工科技的研究与产业升级的支持力度，鼓励支持新型乳制品的开发，要率先实现乳业现代化，保障城市市场供给，促进城乡经济和谐发展。

7.1.3 确保乳制品质量安全

面对国际市场的压力以及国外品牌的竞争，中国本土乳制品企业必须积极参与行业质量标准的建设，配合政府建立和细化乳制品行业标准和市场质量检测体系，制定三聚氰胺检测标准，从原料奶等原辅料材料抓起，必须实行批批检验。另外，政府要抓紧立法，建立乳品质量管理和检测的相关法律与制度，配以高效运作机制，制定质量认证制度，解决立法滞后问题，使乳制品业发展有法可依，同时了解国外质量标准，介入国际规则的制定，确保乳品质量安全，防止三聚氰胺事件再次发生。

7.2 科技支持体系

发达国家乳业发展经验表明，现代科学技术在乳品加工、奶源基地建设、乳品质提升及营销网络扩大等方面具有重要作用。随着我国乳制品业的不断发展，中国乳业竞争焦点逐渐转移到以"新"制胜，要求产品不断创新，能否不断推进技术创新，将成为乳品企业持续发展的必备能力。内蒙古乳制品业应抓住机会，不断进行科技创新，推出新产品，使其在中国乃至世界乳品行业中的地位更进一步。

在科技创新方式方面，一般分为两种方式：领先创新和跟随模仿创新。领先创新即是首创性的创新方式，它是指某个企业在其他企业都没有在某方面有所改变的情况，该企业首先在这一方面做出变化，并进行科技创新。对实施领先创新企业来说，它会面临许多新市场的不确定因素，而且需要面临的一个最大的风险是消费者能否接受创新产品，只有得到消费者的认可，企业为创新投入的成本才能得到市场的补偿和回报。跟随模仿创新，即跟随已取得效益的领先创新的产品，或在原有的技术基础上进行进一步的创新，使其更加完善。当然如果这种创新方式仅停留在模仿水平是行不通的，它要求企业有一定的市场跟进能力和产品创新能力，在模仿的基础上学习积累，不断进行扩展创新，这样才能获得创新产品细分市场的一部分份额。对内蒙古乳制品业而言，各乳制品企业可选择与政府、科研机构或高校进行产学研合作提高乳制品加工业的科技创新能力，促进乳制品加工业的经济发展与科技进步的结合。产学研合作模式是企业、高校科研院所、政府三方协调配合，共同合作研发新产品、新技术，进行科技创新的一种模式。高校科研院所参与其中有利于高新技术与行业的快速结合。政府参与，在政策及财政上给予鼓励和补贴，可有效地降低企业独自进行科技创新的风险，提高了企业进行科技创新的积极性。目前，蒙牛和伊利两家乳品企业，在乳品加工上各自以不同的形式与高校及科研机构展开了一些合作。蒙牛与内蒙古农业大学联合建立乳业生物技术平台，伊利则曾以课题组织单位的身份，与内蒙古畜牧科学院、内蒙古畜牧改良站等机构共同申报国家科研课题。它们通过建设实验室、发起联合项目、对科研人员给予资金支持等形式与高校及科研机构进行合作，以期在研发上实现创新。为确保内蒙古乳制品业在今后能够更加顺利的开展产学研合作模式，有利宏观环境的创造尤为重要。

7.2.1　完善合作共赢机制

各方合作要以利益为保障，即双方对彼此均有所需求且能在合作模式中获得利益。因此，应促使乳制品企业、高校及科研机构合作设立相应驱动机制，满足合作模式实施的这两点前提要求，以达到合作的目的。乳品加工企业需要高校及科研机构的专业人才给企业注入活力，也需要研发人才为企业的创新提供支撑。对于做乳品方面科研的高校和科研机构，也需要将自己的科研结果应用于实践，被实践检验。这就使得双方彼此之间有了一定的需求基础。但由于科技创新是否能够获得预期利润这一点不能确定，因而存在一定的风险性，这也成为阻碍高校科研院所与企业合作的因素。此时便需要政府介入，鼓励乳品企业与高校合作，通过采取一定的优惠政策，如减免税收等对于有合作企业进行鼓励和引导，对高校科研机构则给予相应的荣誉表彰和科研资金支持，并对具体科研人员实行具体奖励。

7.2.2 建立良好的利益保障环境

在进行产学研合作时要注意知识产权问题，它关系到产学研合作的稳定性、长期性和有效性。提升知识产权的保护意识，在双方签订合作合同时，明确合同双方的权利和义务，细化每一环节，避免出现因为知识产权产生纠纷类案件。

7.2.3 构建产学研合作模式

现有的国家、自治区已有的法律法规只针对奶制品加工业。关于乳制品加工业和高校及科研院所方面的合作问题，急需相关部门制定相应的文件，规范这一合作方式的运行，以推动内蒙古乳制品产业的发展。当乳制品加工业产学研合作模式运行成熟时，可考虑形成一个科技产业园区，将乳品加工的科技创新实验地都聚集在一起，有利于信息的共享，使专业人士可快速了解行业的动态，据此判断哪些方面可创新，而且也有利于促进竞争创新的氛围，推动整个行业的快速发展。

内蒙古乳制品业的转型升级离不开科技支持体系的建立，这要求内蒙古乳制品业必须要建立自主开发平台，培养锻炼自己的技术开发队伍，进行技术创新的实践，通过自主创新提升乳制品企业素质，把资源禀赋决定的比较优势转化为核心技术的竞争优势。

7.3　财政金融支撑体系

乳制品产业资金需求不能及时得到满足会严重制约产业健康发展，构建完备的乳制品产业发展财政金融支持体系对内蒙古农村经济发展和社会进步具有重要的现实和经济意义。

现阶段自治区乳制品业融资途径仍较窄，融资需求得到有效解决的难度较大。乳制品业中各企业的大额资金需求绝大多数要靠企业发展中自身的资金积累来解决。从乳制品业中各企业的角度来看，龙头企业不论是在政策扶持、信贷支持中都占有优势地位。龙头企业的发展虽会对产业内企业有一定的带动扶持作用，但由于各方面的限制，其带动效果有限。从政府的角度来看，政府及发改委在国家政策的大方向下对乳制品业内各企业也有一定的资金补贴，但是缺乏相关的法律法规保障，小规模乳企业的合法权益，在与龙头企业、政府各个部门的博弈中处于弱势地位。从金融机构的角度来看，各大国有商业银行对中小农牧企业的专项扶持计划严重匮乏，中小乳企的贷款除了需要龙头企业的担保和其他企业联保等硬性条件外还有贷款额度和款项用途的限制，在很多情况下甚至可以说几大国有银行在中小农牧企业的基础建设和扩大再生产过程中未起到任何支持作用，而如农业银行、邮政储蓄银行和农村信用社以及内蒙古包商银行等农村金融机构对乳业发展的支持力度也非常有限，同其他大型商业银行一样需要严格的贷款限制条件，造成中小乳企不能以一定的发展速度和规模进行扩大再生产。正规金融的有效支持不足造成中小乳制品企业把金融需求的解决投向了各种非正规金融机构和民间金融机构，虽然民间金融机构贷款限制条件比正规金融机构要宽松些，但民间借贷市场秩序混乱，利率严重高于同期金融市场贷款利率，过高的贷款利率造成企业信贷成本增加，加大了中小乳企业的负担，同时非正规金融市场利率不稳定，缺乏相关法律法规的规范的制约也造成其不能适应中小乳企的长期发展。

基于内蒙古乳制品业金融支持体系的现状和存在的问题，今后的金融支持体系建设可以从政府、金融机构及企业自身三个角度同时进行完善。

7.3.1 政府层面

乳制品业在其根源上可归属于农牧业，毫无疑问农牧业是各个产业中的弱质产业，其在发展中需要政府进行必要的政策支持、引导和推动。在乳制品业转型升级的重要时期，政府应积极发挥在财政金融体系中的桥梁作用，除了重点扶持本地龙头企业发展的同时，也要兼顾其他乳制品企业的发展需求。引导各乳制品企业加强与其他外界利益主体的交流，协助乳制品业建立起与银行等金融机构、证券公司、投资者等长期平稳的合作交流平台，满足内蒙古乳制品业在转型升级过程中的融资需求。

内蒙古乳制品业作为农牧业的相关产业，其发展必定受到来自政府管理和市场调节的制约。在农牧业的发展过程中，各级政府要担当起调控、扶持、引导和保护的重要责任。当前，最关键的是通过发挥资源比较优势制定内蒙古乳制品业发展的中长期规划，确立乳产业链上的各个相关产业的发展方向和布局安排，完善农牧产品产业链上的生产、加工、销售体系，以使得整个产业链的稳步升级壮大。

7.3.2 金融机构层面

对于自治区现有的金融机构而言，首先要增强金融机构支农支牧的服务意识，落实好连续数年的中央"一号文件"中对"三农"的金融支持要求。虽然从市场经济的角度来说，金融机构同其他微观经济主体一样在经济运营中以"利润最大化"为目标，但从农牧业的角度来看，农业为国之根本，农牧业产业化的发展在当前具有重要的现实意义。但恰恰农牧业与农牧企业的弱质性本质决定了在收益规模和速度上与其他产业的差距，使得农牧产业组织不可避免地出现贷款难的困境。在这种两难困境中，就要求各类金融机构的首要任务就是转变观念，增强为农牧业产业化组织服务的意识。这种服务意识上的转变单依赖于各金融机构自身进行是不现实的，从自治区的角度来说，这就要求自治区政府根据本地特色敦促金融机构指定相应的农牧业产业扶持规划。要求各类主旨服务于"三农""三牧"的金融机构把支持农牧业发展作为主要信贷市场来拓宽，加强对涉农涉牧企业的走访分析，重视信誉良好乳业产业化龙头企业的授信工作，并进一步完善金融机构中龙头企业与下游企业金融支持的对接，把增加生产流通环节的企业收益要放在工作首位，在保障各方利益的情况下争取做到"双赢"。

同时考虑到各类金融机构其本质还是企业，追求利润最大化、风险最小化是其运营的基本原则，再加上农牧业在与其他产业在金融市场是没有竞争优势可言的，因此政府在敦促各类金融机构改变服务观念，加大支农支牧力度的同时也要给予各类商业性金融机构适当的政策优惠或者利息补偿来调动。对农牧业支持力度大的金融机构可以给予政策范围内的准备金率的降低。考虑到农牧业风险的补偿问题，在加大对农牧业产业组织的信贷力度的过程中必须要有新举措出台，类似支农支牧信贷适当的税收减免、不良贷款核销等优惠政策，又比如对于因政策内信贷支农支牧的亏损农村牧区金融网点政府财政要给予财政支持政策，对因国家政策性风险导致的贷款风险应该由国家予以补偿等。乳制品业作为整个农牧业产业链上的一部分，农村金融体系的不断完善必然会有效解决乳制品业转型升级过程中的金融需求问题，对乳制品业财政金融支撑体系的建设起到事半功倍的效果。

由于乳产业链中不同组成部分的融资需求现状不同，不同金融机构的主要服务领域和对象有所不同，因此需要明确不同类型金融机构在乳业支持中的定位，提高金融服务效率，避免不必要的金融服务浪费。

首先，对于政策性金融机构如中国农业发展银行，应该突出其在农牧业支持中的基础作用。不论是在农牧户层面还是在企业层面，政策性金融机构的资金支持都将有效改善农牧业的发展环境，有效解决商业性金融机构不愿进入的融资需求领域，通过中国农业发展银行对农牧业产业发展的金融支持，不仅填补了单纯依靠市场机制对农牧业投入的不足的问题，又通过表率作用引导更多的社会资金流向了农牧业建设，从而有效支撑乳制品产业链前端的金融需求和发展。

其次，要发挥商业性金融机构在乳制品业金融支持中的主导作用。商业银行对内蒙古乳制品业的金融支持主要体现在有一定规模的乳品加工和销售企业上，并按"安全性、流动性、盈利性"的基本原则发放贷款。现阶段，除伊利、蒙牛外其余大多数地方性乳制品企业融资多依赖于农业银行、邮政储蓄银行和农村信用社，因此在商业性金融机构方面要以农业银行、邮政储蓄银行和农村信用社为重点实施金融支撑体系的建设。农业银行应重点帮扶产业内龙头企业。农业银行作为资金规模庞大的大型国有商业银行，应该在适当的时机对几个乳产业内带头企业提供充足的金融支持。邮政储蓄银行应加快其广大农村支行的发展，创新性地推进小额贷款的发展，为新加入产业链的农牧户和小型企业提供及时可靠的资金支持。农村信用社应顺应改革潮流，推进自身改革，发挥其支农主力军作用。在国家支农支牧的政策范围内，推广并改进农户小额、联保贷款和扶贫小额贷款等新旧模式产品。在风险可控的前提下，尽可能减少农牧民和乳品企业在具体申请贷款过程中的诸多手续，适当放宽贷款条件，给予广大农牧民和乳品企业在发展过程中有效的金融支持。

最后，要充分利用好民间金融这把"双刃剑"。在目前各国有商业银行纷纷将大量网点从农村撤离的大环境下，非正规金融机构的支农作用显得至关重要。要正确引导民营小额信贷银行、个人经营银行、合作银行等各种形式的农村非正规金融的健康发展，以增加农村金融供给满足"三农""三牧"多层次的金融需求，缓解乳制品业产业链上中小企业和农牧民的金融供给不足的现象。

7.3.3 乳制品产业层面

内蒙古乳制品业财政金融支撑体系的有效建立，归根结底还要依赖于乳制品业自身的发展，一味地依赖于政府在财政金融上给予的优惠政策无异于饮鸩止渴。

首先，内蒙古乳制品业应充分利用乳产业为自治区支柱产业的重要优势，立足当地的资源优势和政策优势，把当地特有的优势资源利用与产业基地建设有规划的结合起来，有重点地开发在市场上有竞争优势的产品，如此先后形成特色产品、产业基地和主导产业进而完善成一个完整的乳业产业化组织，才能吸引到各类金融机构的扶持，推动财政金融支撑体系的建立。

其次，中小企业应抓住发展机遇点实现创新型发展。乳制品业和传统农业产业有很高的相似之处，其发展实际上是由少数几个大型产业龙头企业和众多的中小型乳业产业化组织带动起来的。实际上，一般大型乳制品业产业化组织如伊利、蒙牛资金是比较充足的，基本上不存在融资难的问题。但中小型产业化组织在发展中欠缺足够的抵押担保物资，盈利能力不高，产业内地位不稳固、竞争力较小，使其很难得到商业性金融机构的金融支持。但是我们同样可以发现乳制品业中小型产业组织所具有的一些优势，如相对于大型的产业组织而言其投资规模小、管理灵活性强、信息接收速度快，进取欲望强烈、发展潜力大、反应迅速等长处，中小型产业组织不单单是保持内蒙古乳制品产业链活力的重要力量，也在推动农牧区经济发展过程中起到了决定性的作用，故而内蒙古中小型乳制品企业要加快基础建设提高经营效益加大规模，成为具有持续牵引力的产业企业，如此才能吸引到金融机构的贷款，解决自身金融有效需求不足的困境。

7.4 社会化服务体系

要促进内蒙古乳制品业的转型升级和持续发展，必须要拓宽发展思路，创新发展模式，转变发展方式，优化布局结构，强化奶源基地建设，加强良种繁育和科技进步，这一切都离不开社会化服务体系的建设。社会化服务体系是指为某一产业生产提供社会化服务的成套的组织机构和方法制度的总称。它是运用社会各方面的力量，使经营规模相对较小的生产单位，适应市场经济体制的要求，克服自身规模较小的弊端，获得大规模生产效益的一种社会化的经济组织形式。对于乳制品业而言，其社会化服务体系完全可包含在农业社会化服务体系内。

7.4.1 加强奶源基地建设

奶源问题是制约内蒙古乳制品业进行转型升级和可持续发展的瓶颈之一，主要表现为原奶产量不足、质量不高以及生产效率低下。造成上述问题的关键点就是社会化服务体系不健全，导致奶牛品种不好以及高水平繁殖技术和现代化牧场的缺乏。针对乳制品产业链上奶源部分的社会化服务体系的建设可以从牧场、奶牛品种等方面进行完善。

首先，政府应积极引导企业加大投入力度，建立现代化牧场。"小、散、乱"是目前中国乳业奶源突出特点，内蒙古乳制品业的奶源虽在全国范围具有明显优势，但仍不能说已摆脱这一缺陷，散养为主的养殖模式除造成原奶单产低外，也是奶源生产效率低下的主要原因。根据发达国家已有的经验，自治区政府可根据自身实际情况积极引导鼓励企业创新奶源基地建设模式，加大现代化牧场的建设力度，以此解决牛奶单产低、生产效率低下的问题。

其次，积极进行奶牛品种改良，提高繁殖技术水平，提升奶牛品种档次。这需要政府加大对涉及奶源基础设施建设的投入力度，一要完善种公牛站建设，改善设施，扩大生产能力，提高冻精质量；二要完善人工授精站点建设，更新设备，提升技术人员专业水平和熟练度；三要完善建立标准的良种繁育基地，对基地制定相关的技术标准、规程、规范和管理办法，开展胚胎移植，形成高产奶牛群体，进而为培育优秀种公牛奠定基础；四要支持重点省区胚胎移植中心建设，提高优质奶牛的扩群建设，进而成为奶牛业高新技术的科研基地和先进实用技术的孵化器。

最后，开发饲料饲草资源，形成稳定供给，降低养殖成本。各级政府应根据所在地区的实际情况和乳制品业的发展状况，妥善安排饲料生产和建设用地，适时组建专门的饲料公司，在自治区统筹规划安排下，形成稳定的饲料供应链，保证饲料供应的稳定性，降低奶牛养殖成本。

7.4.2 完善财政体制和相关法律法规

乳制品业发展可归结为农牧业发展中的一部分，制约其转型升级的各类瓶颈追溯源头均避不开基础设施建设和资金扶持力度，因此，乳制品业社会化服务体系有关宏观政策方面的建设可以主要从公共财政体制、外部补偿机制和法律法规三方面来进行完善。

首先，自治区政府要完善农村公共财政体制，在现有的基础上适当强化政府对乳制品业生产中的基础设施建设的帮扶。同时对畜牧业科技的投入需要进一步扩大，畜牧业科技水平需要调高。

其次，完善以信用担保和保险为主的外部补偿机制。在农村牧区信用环境的基础上积极健全各种形式的担保中介组织，建立以中小乳企为主体的相互帮助性的担保机构或者以民营性质的担保机构为基础的中小企业信用担保体系，再逐步建立区级、市级以及以上的再担保机构。担保机构和再担保机构为农牧区内乳业产业化企业开展担保业务，并在银行、财政等部门的通力合作下评估和监管辖区内中小乳企的信用。保险体系则从内蒙古当前的农村信用担保现状出发，建立商业性和政策性二者相结合的农牧业保险体系，开启以商业性保险机构为主导力量，政府支持结合商业运作为指导原则的新型农牧业保险模式，并扩宽农牧业保险范围，健全相关法律法规，切实起到转移农牧户以及中小企业风险的作用。

最后，加强乳业法制建设。制定和完善自治区原料奶质量管理条例和乳制品企业生产技术管理规则，加强对乳及乳制品质量安全的监管。以饲料安全为基础，严格监管和控制原料生产、收购、加工、辅剂添加等环节可能造成的药物残留和有害物超标；加强对牛场、挤奶站环境的监管和控制，防止病畜奶汁进入加工环节，重点抓好保鲜乳、超高温灭菌乳、酸乳、冰淇淋和乳饮料等乳制品加工环节的安全监控，建立健全检测体系，积极推动乳品标识管理，充分保护内蒙古乳食品绿色天然的品牌形象，促进内蒙古乳业持续、健康发展。

7.4.3　提高乳制品业组织化程度

国外的经验和国内实践都充分证明，建立乳业生产合作社，把乳品加工商和原料奶生产者两者的利益紧密结合起来，是乳业健康发展的必然要求、是奶农获益的重要保障、是稳定奶源市场的迫切需要、是提高奶业组织化程度的主要模式。

为促进乳业合作社的规范发展，保障奶业质量安全、促进奶农增收，相关部门应制定和执行准确到位的政策，从以下几方面进行扶持和引导：一是逐步提高奶业组织化程度。建议在加强政府指导和监管的同时，尊重奶农养殖意愿，有计划有条件地推动小规模散养户的集中化和规模化进程，逐步引导奶牛入园、奶农入社，形成以乳业合作社为主导的适度规模的园区化养殖模式。二是完善现有乳业合作社的内部运行机制。健全合作社的组织机构和规章制度，切实贯彻乳业合作社的"三会"制度，实现民主决策、民主管理。三是鼓励乳业合作社开办奶站。建议在推动奶业组织化进程中鼓励有条件的合作社开办奶站，或者引导散养区私人奶站加盟乳业合作社，使奶站逐步纳入到乳业合作社的运作范围之内。四是加大对乳业合作社的支持力度。增加扶持的专项资金，提高对乳业合作社的补贴力度。在税收上给予乳业合作社最大限度的优惠。鼓励政策性银行、商业银行、农村信用社为乳业合作社提供优惠贷款，为乳业合作社提供信息与技术服务。

7.4.4　推进内蒙古冷链物流的发展

乳制品中的冰淇淋、酸奶、巴氏奶等都需要通过低温储藏才能使产品最大限度地保持其原有的新鲜度、色泽、风味及营养，内蒙古作为我国重要的生鲜奶和乳制品生产区，高质量的冷链物流运作将对促进乳制品行业的发展起到至关重要的作用。

当前，内蒙古乳制品业冷链物流虽已初步成型，但其在发展过程中仍有许多问题，如信息技术滞后；冷链物流市场化程度低，第三方冷链物流企业发展滞后；冷链物流管理、技术方面的人才匮乏；冷链物流法律法规体系和标准体系不健全等，严重影响内蒙古乳业的进一步发展和转型升级的推进。这些乳业产业的问题是由我国的国情决定的，也是由国家政策、乳品企业、物流企业以及消费群体等因素共同制约的。为解决内蒙古乳业冷链物流方面的问题，需要内蒙古各级政府应进一步加大对冷链物流的监管力度，积极采取措施，通过来加大政府扶持力度并健全法制、培养适合生鲜乳冷链物流发展趋势的复合型人才、加强软硬件建设实现信息一体化、利用第三方物流企业推动生鲜乳冷链物流的发展、加强农产品冷链物流的整体规划建立联运机制，以及建立一体化的生鲜乳冷链物流模式实现共同配送等措施，保障冷链物流的持续、健康发展。

7.5 品牌支撑体系建设

近几年来，随着国外乳品品牌趁国内乳制品出现质量问题大举进入中国，国内乳制品市场份额已被蚕食不少，尤其在高端市场洋品牌占据绝对的优势，雀巢、惠氏、雅培等国外品牌占据的市场份额高达80%～90%，国外知名品牌在发达城市明显领先，占有绝对的领导地位，内蒙古乳制品业要在这一大环境中实现转型升级、保持可持续发展，名牌建设迫在眉睫。

7.5.1 重视品牌质量，加强文化建设

乳品品牌形象建设中必须以产品质量为关键。在中国当前的乳品消费环境中，由于三聚氰胺事件的影响，消费者对国内乳制品充满了不信任，乳品品牌鉴

别产品的功能在大多数中国消费者心目中要远远大于其区分产品档次的功能。消费者对洋品牌的直接联想是安全、放心，因此乳制品企业在今后进行品牌塑造时一定要以质量为关键，必须严格遵守行业质量标准，坚决杜绝产品质量事件的出现。此外，企业还需在品牌文化内涵方面迎合消费者观念，重视企业社会责任，积极塑造品牌形象，以期增强消费者对企业的信心和认同感。

7.5.2　实施多品牌策略，产品定位明确

不同乳品类别建立品牌形象侧重点应有所区别，对普通奶消费者更多的是想获得产品的功能利益，乳品企业可将同一类产品的市场按照不同的消费者群体再次进行细分，推出不同品牌的产品。例如，在液态奶产品中，蒙牛的"新养道"是针对乳糖不耐受人群推出的中高端乳品；"焕轻"是面向中老年人群的高端功能乳品；"酸酸乳"适用于22～29岁年轻时尚的消费者；"大眼萌"适用于14～24岁的"90后"主流群体；"未来星"适用于3～12岁的儿童，而这些细分品牌又都归属于"蒙牛"这一母品牌。而对于母品牌下细分出的高端品牌的乳制品，如高端奶，乳品企业应侧重打造提升使用者形象，因为消费这类产品的消费者更多的属于象征性消费，并不是真的想要获得产品的功能利益，而是借此表达其身份、地位、品位、价值观、生活方式等方面，其意义成分较大。

7.5.3　品牌传播与宣传

品牌传播与宣传是一种营销策略，就是通过广告、公关、新闻、人员推销、营业推广等传播手段来提高品牌在消费者心目中的认知度和美誉度，由此抓住消费者内心，并让消费者形成对品牌的正确认知，扩大企业品牌影响力。乳制品企业在进行品牌形象塑造和传播时，应采取整合传播策略。乳品企业创建品牌的一切工作都要围绕着乳品消费者进行，品牌整合传播是一项系统性工程。随着信息化时代的不断发展，品牌传播媒介越来越丰富，传播方式也越来越多样化，包括

互联网在内的新媒体技术以及传统的广告宣传、公共关系和促销等。在实际操作过程中，乳品企业可根据自身情况，将各种手段组合使用进行本企业乳品品牌形象的塑造和传播。

7.6   本章小结

乳制品业新型化是利用信息技术与现代化管理手段，不断提升乳制品科技含量和附加值，努力减少乳制品生产环节的能源消耗，降低环境污染，实现对传统乳制品业的改造，推动乳制品业转型升级的动态发展过程。在这个过程中，需要政府、企业、奶农以及社会各界的共同关注与配合，为此，本章重点分析确保乳制品业顺利转型的产业政策、科技与财政金融支持、社会化服务等。

8 研究结论与对策建议

8.1 主要结论

乳制品业是内蒙古的传统优势产业，借助优越的区位优势和良好的资源条件，内蒙古乳制品业取得了巨大成就，涌现出一批信息化水平高、技术先进、具有科技创新能力的乳制品加工企业，乳制品业总体发展质量已处于国内领先水平，但在高速发展的同时，内蒙古乳制品业所暴露出来的问题也比较突出，与新型工业化道路依然存在差距。在此背景下，厘清内蒙古乳制品业的发展现状，考察其新型化水平并提出相关对策建议，成为转型期提高内蒙古乳制品业新型化水平的客观需要。基于此，本书对内蒙古乳制品业新型化的影响因素、新型化水平与质量、新型化的实现路径与模式等关键问题进行了深入研究。研究得到以下主要结论：

（1）2007 年内蒙古乳制品业各项指标良好，新型化水平处于考察年份较高水平，2008 年新型化水平综合得分较低，指标有所恶化，之后年份几乎是呈隔年交替出现的变化趋势，波动较大，特别是 2012 年，各因子得分大部分为负值，指标严重恶化，进一步说明了内蒙古乳制品业发展不稳定；但从 2012～2013 年的发展趋势来看，内蒙古乳制品业新型化有向好转变的趋势，其新型化水平由2012 年的最低水平提高到 2013 年的中间位置。

纵向来看,内蒙古乳制品业新型化水平年际间波动较大,高低水平交替出现,其原因主要有:首先,作为食品工业中的重要组成部分,乳制品质量安全问题直接关系到消费者的生命与健康,近年来接连发生的乳制品质量安全事件,严重挫伤了百姓的消费信心,洋品牌受到追捧,国内乳制品的市场份额严重缩水,进一步影响了乳制品企业的经济指标以及新型化水平。其次,乳制品业发展受国家及自治区奶业发展政策导向的影响较大,每次危机过后,有关部门都要出台相应的政策加以规范,且其效果比较显著。

(2)乳制品业新型化进程中受到多种因素的作用,除城镇居民人均乳品消费支出占城镇居民人均食品消费支出的比值、乳品企业利润额和乳品企业乳制品的产量外,其他变量对乳品企业新型化的水平都呈正向影响。企业广告密度对乳制品业新型化有正向影响且弹性较大,显示了食品行业显著的广告效应;产业集聚程度与优越的产业环境为乳制品业新型化提供了便利;公路线路里程数对乳制品业新型化的正向作用表明,乳制品业新型化水平往往依赖于现代物流体系,公路里程增加及发达的现代物流业为乳制品业提供了重要保障;资本—劳动比率对提高乳制品业新型化水平具有推动作用,表明乳制品业新型化过程对科技含量高、附加值高乳制品的客观要求;此外,乳制品企业销售收入增加有助于推进乳制品业新型化过程。但是,城镇居民乳制品消费支出、乳制品的产量与利润对乳制品业新型化的影响为负,显示了传统以数量推动的增长模式已难以适应乳制品业转型升级的总体要求,同时这也是内蒙古乳制品业新型化的根本内涵所在。

(3)乳制品业新型化也就是内蒙古乳制品业由传统奶业向现代奶业过渡的过程,科技信息化、技术高新化、加工生态化、产品高质化以及管理现代化是其主要标志。因此,内蒙古乳制品业新型化的基本途径包括:一是通过信息技术的应用,改变乳制品业竞争格局与传统的生产方式,转移生产要素并提高劳动生产率,以此带动乳制品业转型升级;二是对乳品企业的生产设备、传统工艺以及产品进行技术更新与改造以实现乳制品业新型化;三是按照循环经济发展的要求,延伸产业链、建设产业园区、建立企业制度,对乳制品业进行生态化改造,进而推动乳制品业新型化进程;四是通过优质奶源基地建设、建立自律机制、推进科技创新等方式，从原料奶生产、乳制品加工及销售等关键环节确保乳制品质量安全，提高乳制品业新型化水平；五是按照现代化标准，建立高效运行的企业管理制度，最终实现乳制品业新型化。内蒙古不同的乳品企业有其不同的新型化途径，所达到的新型化程度也不尽相同，因此，针对不同的发展阶段和特征的乳制品企业，可以具体选择以要素创新、技术创新、动力创新或者品牌创新推动的新型化模式。

8.2 内蒙古乳制品业新型化对策建议

本书关于内蒙古乳制品业新型化范畴，界定为以乳制品制造为主体，涉及奶源基地建设、原料奶生产以及乳制品销售等环节。为此，基于上述的研究结论，结合内蒙古乳制品业发展的优势条件及新型化水平与质量，本书提出以下对策建议，以期为制定内蒙古乳制品业协调发展政策、促进内蒙古乳制品业的转型升级提供指导。

8.2.1 提高奶牛养殖的规模化、标准化和现代化水平

发达国家乳制品业发展的经验表明，奶牛养殖的规模化、标准化和现代化是确保生鲜乳质量安全，实现乳制品业健康、持续发展的前提。目前，内蒙古奶牛养殖业还处于规模化、标准化、现代化养殖的起步阶段，规模化水平相对较低，标准化和现代化水平不足，成为乳制品业转型升级中的一大制约因素。因此，大力推进奶牛养殖的规模化、标准化和现代化水平是内蒙古乳制品业新型化过程中亟待解决的问题。

首先，以产业化为纽带，促进"生产—加工—销售"协调发展，依托乳制品龙头企业和品牌效应，积极发展连锁经营、物流配送、电子商务等现代营销体

系（刘春，2012）[67]，降低流通成本，使乳制品在流通过程中实现增值，以现代营销体系提升乳制品业的产业化水平。产业化水平提高了，标准化程度才能得到改善，标准化程度加强了，养殖规模就将增大。

其次，积极开展示范创建活动，以点带面，点面结合，整体推进；着力推选标准化程度高、规模化生产能力强、管理现代化科学化、品牌效应高和辐射带动能力强的乳制品企业作典型；通过典型示范，真正把规模化牧场好的做法、好的经验、好的管理、好的模式贯穿到奶牛养殖标准化规模养殖的工作实践中，全面提升标准化规模养殖水平。

最后，应加强对基层畜牧兽医和规模养殖场的技术人员的培训工作，提升他们的专业技术水平，必要时走出去参观比较大型的标准化规模养殖场，学习先进的管理经验和科学养殖技术，从而提高养殖技术水平，降低犊牛死亡率，控制疾病的发生，减少损失，降低奶牛养殖风险。

8.2.2 提升全要素生产率，为乳制品业新型化奠定基础

乳制品业新型化的基本方向，就是要从目前主要以要素推动的粗放式增长方式逐渐向以数量与质量共同驱动的集约化增长方式过渡，在这一过程中，提升内蒙古乳制品业全要素生产率成为乳制品业新型化进程中的基础和关键。全要素生产率增长可以通过技术进步拉动，也可以通过技术效率的不断改善推动，内蒙古乳制品企业所具备的基础条件、技术特征以及竞争优势有所不同，其全要素生产率增长方式的差别也较大，但在提高乳制品业要素生产率水平、优化增长"质量"过程中，要同时考虑乳制品业技术进步与技术效率协调增长。

因此，在乳制品业新型化进程中，一方面要继续扶持大型乳品企业的发展，积极引导乳品企业通过兼并、重组、参股与合作等方式，形成一批以市场为导向的、具有较强辐射能力与带动作用的大型骨干企业，发挥其技术优势、资金优势和品牌优势；进一步提高具有规模优势乳品企业的科技创新能力，建立以乳品企业为主体、科研院所为支撑、市场为导向、产品为核心、产学研相结合的乳制品

生产技术创新体系，坚持引进与自足创新相结合的原则，推动乳制品业技术进步。另一方面要提高乳制品业资源配置状况，避免生产能力严重过剩和设备大量闲置，根据乳品企业生产规模，合理安排生产要素投入比例，避免资源浪费，逐步提高乳制品业技术效率；鼓励中小型乳企进行设备更新与技术改造，提高乳制品生产技术的吸收、转化程度和企业管理水平，逐步缩小生产效率与生产前沿面的距离，改善技术效率。

8.2.3　调整优化乳制品结构，带动乳制品业转型升级

内蒙古乳制品结构较为单一，主要以液态奶为主，乳粉、干酪、炼乳、乳清和乳脂肪等毛利率较高的产品占比较小，统计数据显示，2013 年内蒙古液态奶产量为 272.97 万吨，在乳制品产量中所占比例高达 90.71%。乳制品结构单一，利润率低，高附加值的乳制品缺乏，造成了内蒙古乳制品业的国际竞争力长期难以提升。因此，调整优化产品结构，逐步改变以液体乳为主的单一产品类型局面，鼓励发展适合不同消费者需求的特色、高品质、功能性乳制品，成为内蒙古乳制品业新型化进程中亟待解决的问题。

（1）开发液态奶品种。与国内奶业发达省区以及国外发达地区相比，内蒙古液态奶品种不多，所以，加大力度开发液态奶品种，一方面可满足差异化消费，提高收益水平；另一方面也可以提高内蒙古乳制品业的国际竞争力。例如，各类强化乳、咖啡乳、巴氏杀菌奶、酸奶、配方奶、双歧因子牛乳、果汁乳、蔬菜汁乳和专为孕妇或儿童设计的牛乳等。

（2）开发初乳制品。初乳制品含有丰富的营养物质，含有人体容易吸收的纯天然免疫因子和促生长因子等活性物质，它不仅含有比一般乳制品更丰富的蛋白质、氨基酸、维生素、不饱和脂肪酸及常量元素和微量元素，还含有大量的活性肽、活性蛋白。研究已证实，初乳可提高人体的免疫功能，促进智力发展，生长发育，并能抗衰老，被医学界誉为"天然免疫之王"，具有良好的开发前景。

（3）开发功能性乳制品。功能性乳制品除了具有基本的营养功能外，还必

须具有一种或多种已被证实的改善人体健康或降低患病危险的功能。随着有关健康知识的不断普及，消费者对乳制品消费提出了更高的要求，而功能性乳制品所具备的促进胃肠道健康、控制高血压、控制胆固醇、治疗骨质疏松等优势，很好地迎合了消费者特殊需求，比如伊利集团开发的 LGG 益生菌酸乳，蒙牛乳业开发的冠益乳、优益 C 等产品。因此，功能性乳制品必将成为内蒙古乃至全国乳制品业发展的亮点和新的经济增长点。

此外，随着乳品市场竞争的不断激烈，各大乳品企业都在抢食高端乳制品市场，乳品企业已从原始的广告战、价格战，转变为以产品创新、工艺创新为代表的研发大战，推出的新产品更是注重科技含量和功能性。因此，内蒙古乳企必须从根本上提高生产技术、管理制度、安全监督程序，建立平衡、合理的产业链条，全面提升企业的创新能力，不断提高乳制品的附加值，才能在激烈竞争中获得成功。具体地，牧场要远离工业污染，在牧草的生长过程中禁止使用任何化学药剂，从源头上确保高质乳制品；良种有机奶牛要求自然饲养，饲养过程中禁止使用任何化学药剂及转基因技术，牧场周边空气清新，水源纯净，保证奶牛产出纯天然优质原奶；在加工阶段，历经层层甄选，要经过标准化、脱气、过滤、净乳、冷却、杀菌、闪蒸等工艺的精纯萃取；包装则要采用可再生的材料。只有如此严格的标准才能生产出优质、高附加值的乳制品。

8.2.4 构建质量控制体系，确保乳制品质量安全

"民以食为天，食以安为先"，作为食品制造业的一个子类，乳制品质量安全问题直接关系到消费者的健康与生命，近年来的"大头娃娃"事件、三聚氰胺污染、"皮革奶"事件等，严重挫伤了消费者的消费信心，严格把控乳制品质量，生产安全、高质、放心的乳制品，已经成为内蒙古乳制品业向优质化、高端化、生态化、新型化发展的首要问题。

首先，要制定完善的乳制品质量标准和检测方法，加快建立涵盖乳制品业全产业链的质量控制体系，推进乳制品业质量的控制和管理再上新台阶。乳制品质

量标准的高低是衡量乳制品质量的重要指标，较高的乳制品质量标准将会催动企业进行技术革新和管理革新，进一步提高乳制品质量水平。科学的检测方法是评价乳制品质量的直接手段，要通过检测方法的更新和完善，提高检测的科学性、有效性和准确性，为乳制品质量评价奠定坚实的基础。质量管理体系是推动乳制品企业生产规范化的重要手段，完善的质量管理体系将大幅降低乳制品质量风险发生的概率，从生产环节降低乳制品质量风险。

其次，要加快推进技术改造与升级，加大科技研发力度，特别是在乳制品质量检测方面，促进乳制品质量标准和国际接轨。质量检测的准确度和可信度建立在现代科学技术的基础上，科学技术的革新可以推动质量检测方法的更新换代，大幅提高质量检测的水平，为乳制品质量评估提供可靠保证。而且，要促进乳制品质量标准与国际接轨，这不仅是促进乳制品质量提高的直接动力，也是增强地方品牌、民族品牌国际竞争的客观需要，为推动内蒙古乳制品出口并开发国际乳制品市场提供保障。

再次，要加大质量控制体系中相关专业人员的培养，进一步提高乳制品质量层次。在乳制品质量建设中，人的因素最为关键，回顾历次乳制品质量安全事件，无不与从业人员的专业水平、从业素质和道德素养直接相关，因此，人员素质的高低直接决定了产品质量控制的有效性和可靠性。应该从专业角度，加大乳品专业技术人才的培养力度，增强人员的专业素养和业务能力。应该从职业角度，加强生产层面各种人才的培养力度，提高特定岗位上人员的特定能力。应该从道德素养方面，全面提高专业技术人员的综合素质，提高工作能力和岗位责任感。

最后，要完善乳制品质量追溯体系和责任追究系统，在立法和 GAP、HACCP 体系认证中推进这些系统的完善和奖惩办法（葛悦，2013）[68]。整个乳制品生产过程，要经过多道程序，而每道程序生产的安全可靠关系到最终的乳制品质量。

因此，需要完善乳制品可追溯体系和责任追究系统，疏通质量控制通道，保证乳制品生产的过程安全可靠，将乳制品质量责任落实到每个岗位，从而实现乳制品质量的有效控制和问题产品的有效追踪。与此同时，要加大质量管理体系建设，使得质量控制不以人的意志而转移，保持乳制品质量的稳定和持续可靠。而且，要在法律法规的制定过程中，考虑到质量控制的具体实施环节，细化完善法律的威慑作用和导向作用。

8.2.5 加强消费引导，鼓励企业开拓乳品市场新空间

国际上把乳制品的人均消费量作为衡量一个国家和地区人民生活质量的重要标志，在我国，消费市场不能迅速扩大是制约乳制品业发展的关键因素，统计数据显示，2013 年我国奶类总产量为 3649.5 万吨，只占世界年总产量的 4.67%，乳制品人均占有量为亚洲和世界的平均水平，奶类消费有限，因此，大力宣传科学的营养观，加强对乳制品消费的引导，培养消费习惯，开拓潜在市场已成为乳制品业转型升级的战略需要。

政府方面，要对宣传乳制品营养知识的公益广告加以资助，对乳制品的商业广告给予税收等优惠政策，鼓励企业建立健全乳品销售网络，对企业进行乳品冷链、销售体系建设，政府给予资金支持或信贷优惠。

企业方面，要定期组织企业进行同行交流，学习发达国家和国内先进乳品企业市场营销的手段，提高内蒙古乳制品企业的市场开拓能力；充分利用各种形式的广告、展览会、奶类消费知识宣传等方式，积极扩大市场份额；努力改善乳制品供应方式，为消费者提供便捷的购买渠道；进一步做好市场细分，按照乳制品市场特点，开发新产品，以满足不同消费者的差异化需求，特别是针对儿童的生理特点和消费心理，开发新型乳制品品种，培养稳定的乳制品消费者。此外，近年来，城市居民乳制品消费增速较快，但农村乳制品市场仍是巨大的消费市场，有待开发。总之，转型期乳制品企业应该严格按照相关产业政策的要求，在确保产品质量的前提下，及时调整产品结构和市场战略，努力把握市场机遇，开拓新的市场空间，在良性竞争中不断发展壮大。

8.2.6　加快信息化建设，以信息化推进乳制品业新型化

　　传统产业的新型化主要表现形式是信息技术的广泛应用。从传统产业的角度来看，对企业组织管理、信息流控制方面的高技术化，可提高企业组织对内部及外部环境的适应能力，降低管理成本，从而促进传统产业的发展，尤其将信息技术融于传统产业的生产管理，促进传统产业在生产、财务、营销以及生产工艺的不合理组织等方面改造，减少企业资金占压和成本浪费，提高利润率。而从新型化的角度来看，信息技术的广泛应用本身就是信息技术产业化发展的一个过程。技术设备的更新、加工工艺的改进和生产方式的变革，需要有新的组织方式、管理手段和经营方法的配合才能真正发挥效用。在这方面，推广应用电子计算机技术，改造传统管理手段，改进管理方式，是提高办事效率、促进科学管理水平和经济效益不断提高的重要条件。

　　信息化是当今世界经济和社会发展的大趋势，也是内蒙古乳制品业优化升级和实现新型化的关键环节。对于内蒙古的乳制品企业，必须利用数字电子技术、传感技术、GPS技术、计算机及无线网络技术等高新数字技术，将乳制品业生产中的各种信息有效地收集、分析，为乳制品生产的各项工作的开展提供依据。

　　信息化在乳制品业新型化过程中发挥了催化剂作用，信息化具有按市场机制和市场需求决策乳制品业、操作乳制品业的基础性作用。只有充分利用计算机技术、地理信息系统、网络技术及数据库技术建立奶业产业化信息支持系统，才能有效地将"市场—政府部门—奶业企业—从业人员"有机联系起来，满足乳品企业发展的信息需求（生产技术信息、投入要素价格信息、产品价格信息、需求信息等），才能有序地促进乳制品业转型升级，进而推动乳制品业新型化。

附　录

全国奶业发展规划（2016～2020年）

奶业是现代农业和食品工业的重要组成部分，对于改善居民膳食结构、增强国民体质、增加农牧民收入具有重要意义。为促进奶业持续健康发展，保障乳品质量安全，根据《乳品质量安全监督管理条例》制定本规划。

1　奶业发展现状

2008年以来，各地区各部门认真贯彻落实党中央国务院部署，以保障乳品质量安全为核心，全面开展乳品质量安全监督执法和专项整治，加快转变奶牛养殖生产方式，推动乳品加工优化升级，奶业素质大幅提升，现代奶业建设取得显著成绩。

1.1　奶业生产能力迈上新台阶

2015年，我国生鲜乳和乳制品产量分别达到3870.3万吨和2782.5万吨，总体规模仅次于印度和美国，位居世界第三位。乳品市场种类丰富、供应充足，人均奶类消费量折合生鲜乳达到36.1公斤，比2008年增加5.9公斤。奶业已成为现代农业和食品工业中最具活力、增长最快的产业之一（见附表1）。

附表1　2008～2015年全国奶业生产情况

年份	奶类总产量 （万吨）	其中，牛奶产量 （万吨）	乳制品产量 （万吨）	其中，液态奶产量 （万吨）	干乳制品产量 （万吨）
2008	3781.5	3555.8	1810.6	1525.2	285.3
2009	3734.6	3520.9	1935.1	1641.7	293.5
2010	3748.0	3575.6	2159.6	1845.8	313.8
2011	3810.7	3657.8	2387.5	2060.8	326.7
2012	3875.4	3743.6	2545.2	2146.6	398.6
2013	3649.5	3531.4	2698.0	2336.0	362.1
2014	3841.2	3724.6	2651.8	2400.1	251.7
2015	3870.3	3754.7	2782.5	2521.0	261.5
比2008年增长	2.3%	5.6%	53.7%	65.3%	−8.3%

资料来源：国家统计局。

1.2　乳品质量安全水平大幅提升

奶业全产业链质量安全监管体系日趋完善，监管力度不断加强。生鲜乳抽检覆盖所有奶站和运输车，乳制品实行出厂批批检验制度。2008年以来累计抽检生鲜乳15.1万批次，清理整顿奶站11893个，奶站基础设施、卫生、检测等条件显著改善。2015年，生鲜乳中的乳蛋白、乳脂肪抽检平均值分别为3.14g/100g、3.69g/100g，均高于《生乳》国家标准，规模牧场指标达到发达国家水平；违禁添加物抽检合格率连续7年保持100%。乳制品抽检合格率99.5%，婴幼儿配方乳粉抽检合格率97.2%。

1.3　奶牛养殖方式加快转变

大力发展奶牛标准化规模养殖，实施振兴奶业苜蓿发展行动，推行奶牛遗传改良计划，奶牛养殖规模化、标准化、机械化、组织化水平显著提高。2015年，100头以上奶牛规模养殖比例达到48.3%，比2008年提高28.8个百分点。机械化挤奶率达到95%，提高44个百分点，规模牧场全部实现机械化挤奶。泌乳奶牛年均单产达到 6 吨，提高 1.2 吨。规模场全混合日粮饲养技术（TMR）普及率达到 70%。奶农专业合作组织超过 1.5 万个，是 2008 年的 7 倍多。

1.4　乳制品加工加快转型

产业结构逐步优化，婴幼儿配方乳粉企业兼并重组，淘汰了一批布局不合理、奶源无保障、技术落后的产能，乳制品企业加工装备、加工技术和管理运营已接近或达到世界先进水平。2015 年，规模以上乳制品企业（年销售额 2000 万元以上）638 家，比 2008 年减少 177 家，婴幼儿配方乳粉企业 104 家，比 2011 年减少 41 家。奶业 20 强（D20）企业产量和销售额占全国 50% 以上，2 家企业进入世界乳业 20 强（见附表 2）。

附表 2　2008~2015 年产业素质变化情况

主要指标	2008 年	2015 年
100 头以上规模养殖比重（%）	19.5	48.3
泌乳奶牛年均单产（吨）	4.8	6
优质苜蓿产量（万吨）	15	180
机械化挤奶率（%）	51	95
规模场全混合日粮饲养技术（TMR）普及率（%）	30	70
奶农专业生产合作社数量（个）	2097	15161
D20 企业销售额占比（%）	—	54
规模以上乳制品企业数量（家）	815	638
婴幼儿配方乳粉生产企业数量（家）	—	104
规模以上乳制品企业主营业务收入（亿元）	1431.0	3328.5
规模以上乳制品企业利润总额（亿元）	40.3	241.7
规模以上乳制品企业税金总额（亿元）	63.6	122.1

1.5　奶业法规和政策体系日趋完善

2008 年以来，国务院及有关部门先后颁布实施了《乳品质量安全监督管理条例》《奶业整顿和振兴规划纲要》《关于进一步加强婴幼儿配方乳粉质量安全工作的意见》《乳制品工业产业政策》《推动婴幼儿配方乳粉企业兼并重组工作方案》《婴幼儿配方乳粉产品配方注册管理办法》等 20 余项规章制度，公布了《生乳》国家标准等 66 项乳品质量安全标准，出台了促进奶牛标准化规模养殖、振兴奶业苜蓿发展行动、奶牛政策性保险、乳品企业技术改造、婴幼儿配方乳粉质量安全追溯等重大政策，初步构建起覆盖全产业链的政策法规体系。

2 奶业发展面临的挑战

2.1 竞争力不强

与奶业发达国家相比，我国奶牛单产水平、资源利用效率和劳动生产率仍有一定差距。泌乳奶牛年均单产比欧美国家低 30%；饲料转化率 1.2%，低 0.2% 左右；规模牧场人均饲养奶牛 40 头，只有欧美国家的一半。农牧结合不紧密，奶牛养殖污染越发凸显。产业一体化程度较低，养殖与加工脱节，缺乏稳定的利益联结机制，产业周期性波动大。国产乳制品竞争力不强，品牌缺乏影响力。

2.2 进口影响加剧

我国乳制品关税低，只有世界平均水平的 1/5，进口乳制品完税价格大幅低于国内生产成本，导致乳制品进口量激增，从 2008 年的 38.7 万吨增至 2015 年的 178.7 万吨，我国乳制品新增消费的 80% 被进口所占。随着欧盟取消牛奶生产配额、中国—新西兰自贸区乳制品关税继续减让和中国—澳大利亚自贸区协定全面实施，国际竞争压力进一步加大。

2.3 消费信心不足

消费者对国产乳制品，尤其是婴幼儿配方乳粉还缺乏信心。同时，国外婴幼儿配方乳粉价格明显低于国内婴幼儿配方乳粉价格。近年来，消费者到境外购买、邮购、代购婴幼儿配方乳粉增多，乳制品消费外溢，国外品牌市场占有率增加。2015 年进口婴幼儿配方乳粉 17.6 万吨，是 2008 年的 4.8 倍。受此影响，国产乳制品消费增速放缓。"十二五"期间乳制品产量年均增长 5.2%，较"十一五"下降 5.3 个百分点。

综合来看，我国奶业发展既存在困难挑战，也面临重大机遇。从市场潜力看，我国人均奶类消费量仅为世界平均水平的 1/3、发展中国家的 1/2。随着城乡居民收入水平提高、城镇化推进和二胎政策的实施，奶类消费有较大的增长潜力。预计 2020 年全国奶类总需求量为 5800 万吨，年均增长 3.1%，比"十二五"年均增速高 0.5 个百分点。从生产发展看，经过 8 年的整顿和发展，奶业取得长足进步，已具备全面振兴的基础和条件，随着产业政策的不断完善和国际市场的不断融合，通过转型升级、创新驱动、提质增效、补齐短板，我国奶业将迎来更大的发展空间。

3 指导思想和发展目标

3.1 指导思想

全面贯彻落实党的十八大和十八届三中、四中、五中和六中全会精神，深入贯彻习近平总书记系列重要讲话精神，坚持创新、协调、绿色、开放、共享的新发展理念，以市场需求为导向，以优质安全、提质增效、绿色发展为目标，大力推进奶业供给侧结构性改革，加快转变奶业生产方式。强化标准规范、科技创新、政策扶持、执法监督和消费引导，着力降成本、优结构、提质量、创品牌、增活力，提升奶业规模化、组织化、标准化、品牌化、一体化水平，提高奶业发展的质量效益和竞争力，走产出高效、产品安全、资源节约、环境友好的奶业现代化发展道路，为实现奶业全面振兴、引领现代农业发展奠定坚实基础。

3.2 战略定位

（1）健康中国、强壮民族不可或缺的产业。一杯牛奶强壮一个民族，小康社会不能没有牛奶。婴幼儿配方乳粉是重要的母乳替代品。世界卫生组织把人均乳制品消费量作为衡量一个国家人民生活水平的重要指标之一。发展奶业是增强国民体质，尤其是改善青少年营养与健康的重要选择，也是建设健康中国的必要前提和重要标志。

（2）食品安全的代表性产业。奶业产业链条长，乳品质量安全保障是一项复杂的系统性工程，也是检验国家食品法规标准、质量监管、企业诚信等体系的试金石。乳品质量的安全水平很大程度上反映了我国食品质量安全的整体状况，备受消费者关注，是反映消费者信心的晴雨表。

（3）农业现代化的标志性产业。奶牛养殖业是世界公认的节粮、经济、高效型畜牧业，也是技术、资本密集型产业，奶业发展需要现代的物质装备、现代的经营理念、现代的信息技术、现代的生产经营体系为支撑。农业发达国家的奶业现代化水平通常都较高。目前，我国奶业的现代化已具雏形，有望在农业中率先实现现代化，引领农业现代化发展。

（4）一、二、三产业协调发展的战略产业。乳制品工业是我国改革开放以来增长最快的产业之一，也是推动一、二、三产业协调发展的重要支柱产业。发展乳制品工业对于改善城乡居民膳食结构，提高国民身体素质，丰富城乡市场，提高人民生活水平，优化农村产业结构，增加农民收入，促进社会主义新农村建设具有很大的推动作用；对于带动畜牧业和食品机械、包装、现代物流等相关产业发展也具有重要意义。

3.3 发展原则

（1）突出质量安全，健全监管体系。把乳品质量安全放在优先地位，建设以安全为核心的法规标准体系，落实"四个最严"要求，强化质量安全监管措施，消除产业链各环节监管漏洞，建立公平有序的市场秩序。

（2）突出利益联结，促进产业融合。完善利益联结机制，密切奶农和乳品企业联系，稳定产销关系，实现风险共担、利益共享。前伸后延产业链，发展种养加一体、一、二、三产业融合的新业态。

（3）突出市场主导，加强政策支持。充分发挥市场在资源配置中的决定性作用，强化企业市场主体地位，鼓励兼并重组，优化资源配置，增强发展活力。大力发展婴幼儿配方乳粉产业，培育国产优势品牌。更好发挥政府在政策引导、宏观调控、支持保护、公共服务等方面作用。

（4）突出绿色发展，加快提档升级。因地制宜，合理布局种养业，以加带养，以养带种，草畜配套，促进奶畜粪便资源化利用。坚持科技和体制创新，优化产品结构，推进节本增效，提高奶业综合生产能力，推动生产生态协同发展。

3.4　发展目标

到 2020 年，奶业现代化建设取得明显进展，现代奶业质量监管体系、产业体系、生产体系、经营体系、支持保障体系更加健全。奶业供给侧结构性改革取得实质性成效，产业结构和产品结构进一步优化，供给和消费需求更加契合，消费信心显著增强。奶业综合生产能力、质量安全水平、产业竞争力、可持续发展能力迈上新台阶，整体进入世界先进行列（见附表 3）。

附表 3　奶业发展目标

	主要指标	2015 年	2020 年
保障供给能力	奶类产量（万吨）	3870.3	4100
	奶源自给率（%）	77.9	≥70
	乳制品产量（万吨）	2782.5	3550
质量安全水平	生鲜乳抽检合格率（%）	99.34	≥99
	乳制品监督抽检合格率（%）	99.5	≥99
	婴幼儿配方乳粉监督抽检合格率（%）	97.2	≥99
产业素质	100 头以上规模养殖比重（%）	48.3	≥70
	机械化挤奶率（%）	95	≥99
	泌乳奶牛年均单产（吨）	6	7.5
	优质苜蓿产量（万吨）	180	540
	粪便综合利用率（%）	50	75
	婴幼儿配方乳粉行业收入超过 50 亿元的大型企业集团数量（家）	1	3~5
	婴幼儿配方乳粉行业前 10 家国产品牌企业的行业集中度（%）	—	80

4 主要任务

4.1 优化区域布局

根据市场需求、资源环境、消费习惯和现有产业基础等因素，巩固发展东北和内蒙古产区、华北产区，稳步提高西部产区，积极开辟南方产区，稳定大城市周边产区。重点提升奶畜品种质量，加强优质饲草料生产，推进标准化规模养殖，加快养殖小区牧场化改造和家庭牧场发展；合理布局加工企业，依法依规淘汰落后产能，优化调整乳制品结构，大力发展液态奶，加快奶酪等干乳制品生产发展，促进奶源基地建设和乳制品加工协调发展（见附表4）。

附表 4 区域布局及主要任务

区域	主要任务
东北和内蒙古产区（黑龙江、吉林、辽宁、内蒙古）	引导奶业生产实现规模化、标准化和专业化。发展全株青贮玉米及高产优质苜蓿生产，推进种养结合、循环发展。以荷斯坦奶牛为主，兼顾乳肉兼用牛发展。重点发展奶粉、干酪、奶油、超高温灭菌乳等，根据市场需要适当发展巴氏杀菌乳、发酵乳等产品
华北产区（河北、河南、山东、山西）	加快养殖小区改造升级为牧场，发展专业化养殖场，提高集约化程度。探索农副饲料资源综合利用新模式，形成种养加一体化产业体系。以荷斯坦奶牛为主，适当发展奶山羊等品种。重点发展奶粉、干酪、超高温灭菌乳、巴氏杀菌乳、发酵乳等产品
西部产区（陕西、甘肃、青海、宁夏、新疆、西藏）	着力发展奶牛规模养殖场、家庭牧场和奶农合作社，提高奶类商品化率，提升价值链。扩大青贮玉米、优质苜蓿等种植，提高优质饲草料供给水平。以荷斯坦奶牛为主，发展乳肉兼用牛，兼顾奶山羊、牦牛等品种。重点发展奶粉、干酪、奶油、羊乳及相关乳制品，适度发展超高温灭菌乳、发酵乳、巴氏杀菌乳等产品，鼓励发展具有地方特色的牦牛奶、骆驼奶等乳制品

区域	主要任务
南方产区（湖北、湖南、江苏、浙江、福建、安徽、江西、广东、广西、海南、云南、贵州、四川）	采用"龙头企业＋合作社＋家庭牧场"的组织形式，积极发展适度规模养殖场。加大养殖设施设备改造提升，提高青贮饲料供应水平，推广全日粮饲喂技术，提高奶业生产效率。安徽、湖北、福建、广东、四川等新兴区域发展荷斯坦奶牛、娟姗牛，广西、云南等省区鼓励发展奶水牛。重点发展巴氏杀菌乳、干酪、发酵乳，适当发展炼乳、超高温灭菌乳、乳粉等产品，鼓励发展水牛奶等具有地方特色的乳制品
大城市周边产区（北京、天津、上海、重庆）	稳定奶牛数量，提高生产效率，重点发展种业龙头企业，培育优秀种公牛。大力开展粪肥污水环保处理和资源化利用，探索发展休闲观光奶业。主要发展巴氏杀菌乳、酸奶等低温产品，适当发展干酪、奶油等其他乳制品，鼓励新型乳制品的开发

4.2　发展奶牛标准化规模养殖

坚持良种良法配套、设施工艺结合，提质增效并重、生产生态协调，建立健全标准化生产体系。支持养殖场改扩建、小区牧场化改造和家庭牧场发展，重点建设标准化圈舍、粪污处理、防疫、挤奶设施及饲草料基地等，支持企业自有自控奶源基地建设，引导适度规模养殖。开展奶牛养殖标准化示范创建，创建300家标准化示范场，引领带动生产技术水平提高。加大牧场物联网技术、智能化技术设施设备的应用，提升奶业生产机械化、信息化、智能化水平。

4.3　提升婴幼儿配方乳粉竞争力

严格执行婴幼儿配方乳粉法规标准，根据食品安全国家标准的制修订情况，适时修订《粉状婴幼儿配方食品良好生产规范》和《婴幼儿配方乳粉生产许可审查细则（2013版）》，严格行业准入。加大婴幼儿配方乳粉质量安全监管力度，实施婴幼儿配方乳粉产品配方注册管理制度。加强农业投入品使用监管，实行奶源奶站、运输车全覆盖抽检，增加婴幼儿配方乳粉抽检范围和频次，严厉查处违法违规企业。支持乳品企业建设自有自控的婴幼儿配方乳粉奶源基地，推动婴幼儿配方乳粉企业兼并重组。鼓励研发适合中国婴幼儿的产品、培育具有国际影响力和竞争力的国产婴幼儿配方乳粉品牌。

4.4 推动乳制品加工业发展

打造资源配置合理、技术水平先进、产品结构优化、具备国际竞争力的现代乳制品加工业。优化乳制品产品结构，因地制宜地发展常温奶、巴氏杀菌乳、酸奶等液态奶产品，适度发展干酪、乳清粉等产品。修订完善《乳制品工业产业政策》，严格奶源基地、加工布局、技术装备、环境控制、质量安全等方面的要求。完善冷链储运硬件设施设备，严管冷链流程，确保终端乳制品的安全与品质。鼓励企业兼并重组，依法淘汰技术、能耗、环保、质量、安全等不达标的产能。鼓励乳制品企业创新产品、节能减排。建立健全行业诚信体系，实现乳品生产经营者食品安全信用信息与人民银行、国家税务等征信系统对接。

4.5 加强乳品质量安全监管

实施乳品质量安全监测计划，严厉打击违法添加行为。开展乳品质量安全风险评估，及时发现并消除风险隐患，大力提升生鲜乳质量安全管控力度。强化奶牛养殖环节饲料、兽药等投入品监管，对生鲜乳收购站和运输车实行全覆盖、动态化、精准化监控，加快推进生鲜乳质量安全追溯试点工作。加强兽药残留综合治理工作，加大监测力度，实施阳性样品追溯监管。加强复原乳监管，严格落实标识制度。督促和指导企业建立质量安全追溯体系，落实企业主体责任。

4.6 加快推进产业一体化

发展龙头企业、家庭牧场、奶农专业合作组织等新型经营主体，提高组织化程度和风险抵御能力。支持加工企业自建、收购、参股、托管养殖场，提高自有奶源比例，促进一、二、三产业融合发展。推行《生鲜乳购销合同（示范文本）》，督促严格履行购销协议，建立长期稳定的购销关系，实行订单生产，逐步形成奶农与乳品企业利益共享、风险共担的长效机制。在奶业主产省开展生鲜乳质量第三方检测试点，促进优质优价。积极发展社会化服务，提升奶牛养殖场繁育、饲养管理等专业化、规范化水平。

4.7 打造国产乳品品牌

启动国产乳品品牌营造行动，树立优质品牌，重塑奶业形象，提振消费信心。办好 D20 峰会，做大做强 D20 品牌，示范引领国内乳品企业增强品牌意识，提升品牌影响力。加大奶业市场研究与开发力度，适应消费需求变化，开发新型产品。创新流通方式，发展"互联网＋"等新型营销模式，满足乳品便捷、个性化的消费需求。加强奶业宣传引导，发布乳品质量检测信息，大力宣传乳品质量安全状况和奶业监管工作成效，展示国产乳制品良好品质。开展奶业公益宣传，普及牛奶营养知识，倡导科学健康消费，为奶业发展创造良好的舆论环境。

4.8 加强良种繁育及推广

深入实施《中国奶牛群体遗传改良计划（2008～2020 年）》，健全奶牛生产性能测定、种牛遗传评定和种公牛后裔测定体系，开展中国荷斯坦牛品种登记，推广优秀种公牛冷冻精液，增强自主培育种公牛能力。创新育种模式，支持建立奶牛育种联盟，探索市场化运营机制。加强高产奶牛核心群建设，推进青年公牛全基因组选择工作，提高种源质量和供种效率。提高种用奶牛进口技术要求，推动引进国外优质奶牛和奶山羊，支持引进国外优秀奶牛胚胎。加强奶水牛、奶山羊等种质资源的开发利用。

4.9 促进优质饲草料生产

继续实施振兴奶业苜蓿发展行动，新增和改造优质苜蓿种植基地 600 万亩，开展土地整理、灌溉、机耕道及排水等设施建设，配置和扩容储草棚、堆储场、农机库、加工车间等设施，配备检验检测设备，提升国产优质苜蓿生产供给能力。在"镰刀弯"地区和黄淮海玉米主产区，扩大粮改饲试点，推进全株玉米等优质饲草料种植和养殖紧密结合，扶持培育以龙头企业和农民合作社为主的新型农业经营主体，提升优质饲草料产业化水平。

4.10 推进奶牛粪污综合利用

坚持"源头减量、过程控制、末端利用"基本思路，推进种养结合农牧循环发展。因地制宜推广种养结合、深度处理、发酵床养殖和集中处理等粪污处理模式。在奶牛养殖大县开展种养结合整县推进试点，根据环境承载能力，合理确定奶牛养殖规模，配套建设饲草料种植基地，促进粪污还田利用。支持规模养殖场建设干清粪等粪污处理设施，提高粪污处理配套设施比例。支持社会化服务组织和专业公司在奶牛养殖密集区建设粪污集中处理中心或有机肥加工厂，推进奶牛粪污储存、收运、处理、综合利用全产业链发展。

4.11 加强奶牛疫病防控

加快实施国家中长期动物疫病防治规划，加大防控工作力度，切实落实各项防控措施。按照国家口蹄疫和布病防治计划、奶牛结核病防治指导意见要求，全面推进口蹄疫防控和布病结核病监测净化工作，统筹抓好奶牛乳房炎等常见病防控。加强奶牛场综合防疫管理，健全卫生消毒制度，不断提高生物安全水平。

5 保障措施

5.1 加强组织领导

建立奶业工作部际联席会议制度，加强部门协调配合，畅通信息沟通渠道，形成推动奶业发展的合力。落实《乳品质量安全监督管理条例》，强化属地管理责任。建立乳品质量安全事件应急处置预案，提升有效防范和处置重大乳品质量安全事故能力。奶业主产省（市、区）应当根据资源状况、消费能力等制定本地区奶业发展规划，促进区域奶业协调发展。

5.2　完善法规标准体系

根据《食品安全法》的规定，修订《乳品质量安全监督管理条例》，明确部门职责，完善生产加工、质量监管、消费引导等规定。修订《生乳》国家标准，进一步严格卫生要求，建立生乳分级标准体系引导优质优价。修订灭菌乳等液态奶产品标准，对原料使用作出更加严格的规定。制定发布复原乳检测方法食品安全国家标准，为复原乳监管提供依据。制定液态奶加工工艺标准，提升乳品质量安全水平。

5.3　加大政策扶持和市场调控力度

整合优化现有资金项目，加大政策扶持力度，重点支持乳品质量安全监管和可追溯体系建设、优质奶源基地建设、高产优质饲草料种植、婴幼儿配方乳粉企业兼并重组等。加大奶业金融支持力度，鼓励社会资本投资建设现代奶业，支持奶业企业上市直接融资。加强奶业生产市场信息监测，及时发布预警信息，探索开展生鲜乳目标价格保险试点。充分发挥行业协会组织作用，引导各类经营主体自觉维护和规范市场竞争秩序。加强乳制品国际贸易监测，依法启动贸易救济调查，保护国内产业发展。

5.4　统筹利用国内国际两个市场两种资源

顺应奶业国际化的大趋势，坚持"引进来"和"走出去"相结合，促进资本、资源、技术等优势互补，提升奶业国际竞争力。学习借鉴国际先进的技术和管理经验，加强与奶业发达国家在奶牛养殖、乳品加工、牧草种植加工和质量管控等方面的交流和合作，提升奶业生产水平。坚持国内供给为主，进口调剂为辅，满足乳品多元化消费需求。

5.5　强化科技支撑与服务

依托畜牧兽医技术推广部门、科研院所和大专院校，围绕种、料、病、管等关键环节开展集中攻关研究，着力破解制约奶业发展的技术难题。推进建立以企业为主体、科研院所为支撑、产学研结合的奶业科技创新体系。推动加工领域的重大科技攻关，科学设定风险指标，开展乳制品关键共性技术研究、集成与示范。加强社会化服务体系建设，强化从业人员培训，提高奶业生产加工技术水平。

参考文献

［1］崔国红. 产业技术政策与山西传统产业新型化［J］. 山西大学学报（哲学社会科学版），2004（1）：90－95.

［2］李廉水，杜占元. "新型制造业"的概念、内涵和意义［J］. 科学学研究，2005（2）：184－187.

［3］张磊，王淼. 西方技术创新理论的产生与发展综述［J］. 科技与经济，2008（1）：56－58.

［4］曹桂银. 我国企业核心竞争力研究［D］. 安徽农业大学，2005年.

［5］滕世刚. 企业核心竞争力理论的应用研究［D］. 中国海洋大学，2003年.

［6］李廉水，周勇. 中国制造业"新型化"状况的实证分析——基于我国30个地区制造业评价研究［J］. 管理世界，2004（6）：76－88.

［7］王亚玲. 工业化阶段和"新型化"质量分析——以陕西为例［J］. 经济问题探索，2008（11）：63－68.

［8］王怀明，李廉水. 基于四维综合评价的湖北制造业新型化研究［J］. 河海大学学报，2009（4）：61－65.

［9］王怀明. 湖北省制造业"新型化"评价实证研究［J］. 华中科技大学学报，2010（1）：65－71.

［10］袁长跃. 辽宁省装备制造业新型化评价体系研究［D］. 沈阳工业大学，2007年.

［11］曹鹏. 中国制造业新型化评价研究——基于28个细分产业的实证分析［J］. 南京航空航天大学学报，2009（2）：39－44.

［12］刘书芬. 以构建"新型产业结构"为基点的中国产业结构调整研究［D］. 浙江大学，2008 年.

［13］卢建明. 加强传统产业循环经济研究推动我省工业新型化进程［J］. 前进，2013（4）：8 – 9.

［14］王兴文，冯艳秋. 加快我国奶业转型升级刻不容缓［J］. 中国乳业，2015（160）：9 – 11.

［15］宋亮，刘丽. 乳业转型发展时期的现实矛盾与转型升级［J］. 乳品与人类，2015（1）：30 – 36.

［16］董筱丹，徐德徽，崔惠玲. 我国奶业的生态化道路［J］. 生态经济，2002（3）：28 – 30.

［17］刘成果. 我国奶业发展与环境保护［J］. 中国乳业，2005（10）：10 – 12.

［18］潘刚. 乳业绿色循环经济研究［J］. 生态经济，2011（5）：43 – 46.

［19］孙作刚. 建设生态奶源基地促进奶业持续发展［J］. 中国奶牛，2006（2）：44 – 46.

［20］丁力. 奶业产业化应注意的几个问题［J］. 中国牧业通讯，2003（7）：52 – 55.

［21］李易方. 前进中的中国奶业［J］. 中国食品工业，2000（8）：4 – 6.

［22］马国巍. 中国乳业合作社发展研究［D］. 东北林业大学，2011 年.

［23］李晶. 奶业产业化经营中利益分配机制比较研究［D］. 内蒙古师范大学，2007 年.

［24］杨伟民. 中国乳业产业链与组织模式研究［D］. 中国农业科学院，2009 年.

［25］Robert E Spekman, John W Kamauff, Niklas Myhr. Integrating business processes for global alignment and supply chain management—a perspective on partnerships［J］. Supply Chain Management, 1998（3）：21 – 25.

［26］Martine Dirven. Dairy clusters in Latin America in the context of globalization [J]. International Food and Agribusiness Management Review, 2001 (3): 301 – 313.

[27] 周宪锋. 中国奶业产业发展的问题及监管研究 [D]. 华中农业大学, 2010 年.

[28] 刘宏宇. 内蒙古奶业产业化问题探讨 [D]. 中国农业科学院, 2006 年.

[29] 王树进. 提高奶业竞争力的产业化路线与模式探讨 [J]. 商业研究, 2003 (15): 140 – 142.

[30] 张永根, 王明丽. 我国奶业产业化经营模式的探讨 [J]. 东北农业大学学报, 2005 (4): 30 – 33.

[31] 黄卫红. "共生型" 农产品价值链构建与农业产业化经营的内在关系研究——广东燕塘乳业有限公司经营模式探讨 [J]. 农村经济, 2007 (12): 35 – 37.

[32] 吉忠伟, 徐文秀, 张桂荣. 中国乳业的现代产业化经营 [J]. 北方经贸, 2006 (7): 17 – 18.

[33] 王威, 顾海英, 候守礼. 奶业产业化进程与政府职能转变 [J]. 上海农业学报, 2004 (4): 148 – 151.

[34] Tom Kompas. Productivity in the Australian Dairy Industry [J]. International Development Economics, 2003 (2): 3 – 8.

[35] Antonio Alvarez, Carlos Arias. Technical Efficiency and Farm Size: A Conditional Analysis [J]. Agricultural Economics, 2004 (3): 241 – 250.

[36] Pierpaolo Pierani, Pier LuigiRizzi. Technology and Efficiency in a Panel of Italian Dairy Farm's: An SGM Restricted Cost Function Approach [J]. Agricultural Economics, 2003 (29): 195 – 209.

[37] Young Alwyn. Gold into Base Metals: Productivity Growth in the People Republic of China during the Reform Period [J]. Journal of Political Economy, 2003, 111 (6): 1220 – 1242.

[38] A P. Barnes. Does Multi – functionality Affect Technical Efficiency? A Non –

parametric Analysis of the Scottish Dairy Industry [J]. Journal of Environmental Management, 2006, 80 (4): 287 - 294.

[39] 曹暕, 孙顶强, 谭向勇. 农户奶牛生产技术效率及影响因素分析[J]. 中国农村经济, 2005 (10): 42 - 48.

[40] 彭秀芬. 中国原料奶的生产技术效率分析 [J]. 农业技术经济, 2008 (6): 23 - 29.

[41] 马恒运, 唐华仓, Allan Rae. 中国牛奶生产的全要素生产率分析 [J]. 中国农村经济, 2007 (2): 40 - 48.

[42] 马恒运. 河南省牛奶生产的全要素生产率及财政支持政策研究 [J]. 河南农业大学学报, 2009 (2): 104 - 108.

[43] 马恒运, 王济民, 刘威等. 我国原料奶生产 TFP 增长方式与效率改进——基于 SDF 与 Malmquist 方法的比较 [J]. 农业技术经济, 2011 (8): 18 - 25.

[44] 王德祥, 徐德徽. 北京奶牛业的利润率和效率分析: 一个 DEA 方法的应用 [J]. 农业技术经济, 1997 (1): 33 - 36.

[45] 王德祥, 徐德徽. 北京奶牛业的利润率和效率分析: 一个 DEA 方法的应用 (续) [J]. 农业技术经济, 1997 (3): 33 - 37.

[46] 卜卫兵, 李纪生. 我国原料奶生产的组织模式及效率分析——以江苏省为例的实证研究 [J]. 农业经济问题, 2007 (6): 67 - 72.

[47] 张永根, 唐赛涌. 黑龙江省不同养殖方式的奶牛生产成本效益分析 [J]. 中国奶牛, 2008 (7): 54 - 58.

[48] 朱娟, 胡定寰. 我国农户散养奶牛规模经济分析——以内蒙古呼和浩特市为例 [J]. 中国乳业, 2009 (10): 23 - 26.

[49] Pinar Celikkol, Spiro E Stefanou. Productivity Growth Patterns in U. S. Food Manufacturing: Case of Dairy Production Industry [R]. The Center for Economic Studies (CES), 2004 (5): 4 - 8.

[50] 张莉侠, 刘荣茂, 孟令杰. 中国乳制品业全要素生产率变动分析——

基于非参数 Malmquist 指数方法 [J]. 中国农村观察，2006（6）：2 – 8.

［51］尹云松，孟令杰. 基于 Malmquist 指数的中国乳制品业全要素生产率分析 [J]. 农业技术经济，2008（6）：15 – 22.

［52］李翠霞，邹晓伟. 基于 DEA 的黑龙江省乳制品加工业生产效率实证研究 [J]. 农业技术经济，2010（6）：106 –111.

［53］卢宁，李国平. 中国乳制品行业技术效率变动研究——基于随机前沿生产函数方法 [J]. 东北大学学报（社会科学版），2010（5）：217 – 223.

［54］吕裔良. 基于 DEA 模型的中国乳制品企业经营效率分析 [J]. 学术交流，2008（6）：89 – 92.

［55］熊艳. 我国乳制品上市公司动态生产效率分析——Malmquist 指数研究的新视角 [J]. 管理学刊，2011（4）：36 – 40.

［56］张莉侠，刘荣茂，孟令杰. 中国乳制品业全要素生产率变动分析——基于非参数 Malmquist 指数方法 [J]. 中国农村观察，2006（6）：2 – 8.

［57］尹云松，孟令杰. 基于 Malmquist 指数的中国乳制品业全要素生产率分析 [J]. 农业技术经济，2008（6）：15 – 22.

［58］李翠霞，邹晓伟. 基于 DEA 的黑龙江省乳制品加工业生产效率实证研究 [J]. 农业技术经济，2010（6）：106 –111.

［59］姜冰，李翠霞. 中国乳制品加工业生产效率实证研究——基于超效率 DEA 及 Malmquist 指数的分析 [J]. 中国乳品工业，2013（7）：35 – 39.

［60］刘慧，吴晓波. 信息化推动传统产业升级的理论分析 [J]. 科技进步与对策，2003（1）：52 – 54.

［61］王小明. 高新技术改造传统产业的研究 [J]. 财经问题研究，2002（8）：7 – 9.

［62］袁增伟，毕军，张炳等. 传统产业生态化模式研究及应用 [J]. 中国人口资源与环境，2004（2）：108 –111.

［63］朱谷生. 珠江上游地区传统产业的生态化改造 [J]. 广西社会科学，2006（6）：48 – 50.

［64］吴天龙．丹麦乳品质量安全管理经验及启示［J］．国际经济合作，2015（4）：69－72.

［65］庞盛林，景利．山西省乳品质量安全现状及对策［J］．山西农业科学，2014（6）：633－635.

［66］冯伟芳．区域型乳品企业品牌建设思路［J］．中国乳业，2012（5）：74－77.

［67］刘春．贵州生猪标准化规模养殖现状及对策［J］．贵州畜牧兽医，2012（3）：36－40.

［68］葛悦．黑龙江乳业可持续发展评价研究［D］．东北农业大学，2013 年．